영선중학교

미래 교실의 혁신

에듀테크를 통한 교육 변화

— 참여교사 —

과학 김철강, 과학 박홍제, 미술 김유라, 사회 이재환

수학 박범준, 영어 이지은, 영어 허명주, 정보 고기식

도서출판
아·라

영선중학교

미래 교실의 혁신
— 에듀테크를 통한 교육 변화

펴낸곳   도서출판 아람

발행일   2024년 2월(초판)

주 소   전북특별자치도 전주시 덕진구 건산로 299

전 화   TEL (063) 246-3637

이메일   aram246@daum.net

참여학교   도서출판 아람 (063-246-3637)

참여교사   김철강, 박홍제, 김유라, 이재환, 박범준, 이지은, 허명주, 고기식

값 12,000원

ISBN 979-11-986870-0-5

CONTENTS

교육 혁신을 이끄는 에듀테크
– 교사들의 미래 지향적 학습 사례 탐구

교육 환경에서 에듀테크의 적극적인 통합은 우리 교사들에게 새로운 교수법과 학습 방식을 모색할 수 있는 기회를 제공합니다. 이러한 기술의 통합은 학습의 접근성을 향상시키고, 학생 개개인의 학습 요구를 충족시키며, 교육 과정에 대한 참여와 흥미를 높이는 데 중요한 역할을 합니다. 가상 현실, 증강 현실, 온라인 학습 플랫폼 등 다양한 에듀테크 도구를 활용함으로써, 학생들은 전통적인 교실 벽을 넘어서는 학습 경험을 할 수 있습니다. 이는 학습 과정을 더욱 동기 부여하고 창의적으로 만들어, 학생들이 적극적으로 지식을 탐구하고 새로운 아이디어를 실험할 수 있는 환경을 조성합니다.

교사들로서, 우리는 에듀테크를 통해 학생들의 학습 진행 상황을 실시간으로 모니터링하고, 개인화된 피드백을 제공하여 학생들의 학습 효과를 극대화할 수 있습니다. 이러한 기술적 접근은 학생들이 자신의 학습 과정을 더 잘 이해하고, 자신감을 가지고 학습 목표를 달성할 수 있도록 돕습니다. 또한, 에듀테크는 학생들이 협력적 학습 환경에서 작업할 수 있도록 하여, 문제 해결 능력과 팀워크 스킬을 개발하는 데 중요한 역할을 합니다.

에듀테크의 통합은 교육의 포용성을 강화하는 데도 기여합니다. 다양한 배경과 능력을 가진 학생들이 기술을 통해 동등한 학습 기회를 가질 수 있도록 하며, 모든 학생이 성공할 수 있는 교육 환경을 조성합니다. 우리는 기술을 활용하여 교육 자원을 보다 폭넓게 공유하고, 학습 장벽을 제거하는 데 앞장서고 있습니다.

결론적으로, 에듀테크는 교육의 미래를 형성하는 데 있어 우리 교사들에게 없어서는 안 될 중요한 자원입니다. 이를 통해 우리는 학생들에게 더욱 풍부하고 맞춤화된 학습 경험을 제공하며, 학생들이 미래 사회에서 필요로 하는 기술과 역량을 개발할 수 있도록 지원합니다. 에듀테크의 지속적인 통합과 발전은 우리가 직면한 교육적 도전을 해결하고, 모든 학생이 성공적인 학습 결과를 달성할 수 있는 환경을 조성하는 데 필수적입니다.

2024년 2월
저자 일동

1 학교 소개

1946년 4월 1일 개교하여, 9,861명의 졸업생을 배출한 영선중학교는 역사와 전통을 자랑하는 학교입니다. 이후 변화를 거듭하여 2008년 3월 전국 단위 모집 자율학교로 지정되었고 실력과 인성을 겸비한 학생을 키우는 것을 목표로 노력하고 있습니다. 그 결과 전국의 우수한 학생이 앞다투어 찾아오는 명품학교로 발전하였습니다.

꿈에 도전하세요!
함께 이뤄 나가겠습니다.

학교 연혁

1900
- 1946. 10. 무장초급중학교 인가
- 1987. 08. 학교법인 무송학원 설립
- 1999. 11. 이사장 고석원 선생 취임

2000
- 2008. 03. 전국단위모집 자율학교 인가
- 2011. 07. 교과교실제 과목중점형 지정
- 2012. 03. 디지털교과서 연구학교 지정
- 2014. 08. 행복학교 박람회 교육부 장관상 수상
- 2017. 03. 으뜸인재 육성 사업
- 2018. 03. 삼성 미래교육모델학교 지정
- 2018. 04. 교육부 독도 지킴이 학교 지정
- 2022. 09. 제20대 김운기 교장 취임

2023
- 2023. 01. 제76회 졸업(누계 9,861명 졸업)
- 2023. 03. 전북 미래준비학교 선정

학생 현황

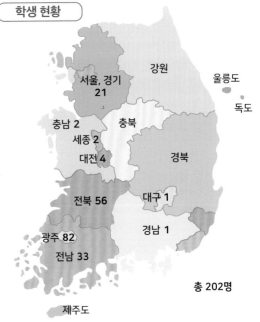

강원 / 울릉도 / 독도
서울, 경기 21
충남 2 / 충북 / 세종 2 / 대전 4 / 경북
전북 56 / 대구 1
광주 82 / 경남 1
전남 33
제주도

총 202명

2 교육과정 운영 및 특징

◉ 영선의 수업혁신
- AI 학습실, 융합형 수학실, 프로젝트 Lab실, 정보실 운영
- 영어(원어민 교사), 수학, 과학을 추가 편성하여 운영
- 에듀테크 기반 수업 환경 구축 및 학습법 연구
- 수업과 연계한 다양한 교내 대회 실시 & 교외 대회 다수 수상

◉ 창의적 체험 교육과정 운영
- 창의적 체험활동 102시간 추가 편성 운영
- 1인 1악기 연주(밴드, 드럼, 피아노, 바이올린, 통기타, 플루트 등)
- 한국문화예술교육진흥원과 연계한 예술 강사 사업 참여(영화, 국악)
- 학생 주도형 테마식 진로체험 실시
- 우리 지역의 문화와 역사를 체험하는 기회 제공
- 해당 직업별 전문가를 초청하여 진로교육 실시

1인 1악기 연주(바이올린)

청소년 독립군 체험 캠프

국제관계대사의 외교관 특강

◉ 다양한 방과후 수업 및 자기주도학습을 위한 면학실 운영
- 학생 자신의 수준과 흥미에 따라 자유롭게 방과후 수업 선택
- 주요 교과의 기본 및 심화, 애니메이션, 특기 적성 등 20개 강좌 운영
- 자기주도학습을 위한 면학실 운영, 으뜸인재 육성사업

AI 학습실 자기주도 학습

디지털 새싹 캠프

방과후 프로젝트 수업

우리 학교의 특색 프로그램

인문사회 영재학급 <특색 프로그램 1

- 전라북도 유일의 인문사회 영재학급 운영
- 교과수업, 리더십 및 인성분야를 집중적으로 학습하며 봉사활동, 산출물 발표회, 현장체험학습, 다양한 시각으로 분석·토론하여 올바른 역사 의식과 민주 시민 의식 함양
- 차별화된 커리큘럼을 통해 학생들이 잠재력과 창의성을 마음껏 펼쳐 훗날 미래 사회에 주도적인 역할을 하는 인재로 성장하도록 안내

유네스코 학교 <특색 프로그램 2

- 2013년 전라북도에 있는 중학교 중 유네스코 학교 최초 가입
- 학생들 스스로 세계시민으로 성장할 수 있도록 운영 지원
- 지속 가능한 발전 교육, 환경교육, 인권교육, 국제 이해 교육을 통한 글로벌 리더 육성

학생주도 자율동아리 <특색 프로그램 3

- 학생들이 스스로 구성하여 15개의 자율동아리 조직
- 선후배 간의 유대관계 유지 및 개인 역량 향상
- 교과 외 체험을 통한 맞춤형 재능 계발
- 자율적 동아리 조직 및 활동을 통해 민주적인 학교 문화 창출
- 자아실현의 기회를 제공하며 민주 시민의 자질을 갖춘 미래 인재 육성

독도지킴이 학교 특색 프로그램 4

- 전국 독도 관련 대회 50회 이상 수상(독도동아리 '동해랑 독도랑 우리랑' 운영)
- 전국 독도체험관 오류 내용 수정 프로젝트 실시
- 독도 체험 캠페인 및 독도 사랑 생활화를 통한 독도 사랑 실천
- KBS 아침마당, 교통방송 달리는 라디오, 교육부 매거진에 출연

천체투영실 및 천문대 특색 프로그램 5

- 미래 우주개발의 주역인 학생들에게 신비로운 우주를 느낄 수 있는 관측 활동 제공
- 과학 교과와 연계하여 천문현상이 있을 시 모든 학생들이 관측할 수 있도록 운영

생태체험학습장 특색 프로그램 6

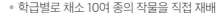

- 학급별로 채소 10여 종의 작물을 직접 재배
- 자연에 대한 정서와 느낌을 공유함으로써 체험 교육 강화
- 환경 중요성 프로그램 및 실제적 실천

학술제(YAS), 파파야 축제 특색 프로그램 7

- YAS(Yeongseon Academic Seminar)
  배운 지식을 교실 밖으로 확장하여 학생들이 수업 중 품었던 호기심을 해결하고, 그 탐구 내용을 친구들 앞에서 발표
- 파파야 축제
  1년 동안 학생들이 갈고닦은 실력들을 발휘할 수 있는 자리로 학생, 학부모, 교사가 함께 즐기는 학교 축제

4 우리 학교의 자랑

 우리의 자랑 1

교육 가족이 함께하는 활동

- 교사·학생·학부모가 함께하는 지리산 등반
- 학부모회, 학부모 동아리 운영 & 다양한 학부모 교육 실시
- 학교 축제 먹거리 장터 운영

 우리의 자랑 2

교과 지도에 프로페셔널한 선생님들

- 전교사 연 2회 이상 수업 공개 및 동료장학 실시
- 전북 미래준비학교를 통한 교실혁명
- 교과 및 동아리활동 사례 발표 출강
- 교과서 집필, 교과서 검정 활동

 우리의 자랑 3

어서와! 한복 교복은 처음이지?

- 학생, 학부모, 교사들이 수차례 디자인 반영을 통해 한복 디자이너의 손길이 깃든 학교 맞춤형 한복 교복을 제작
- 전통문화를 보존하기 위해 몸소 실천하는 것 같아 뿌듯함을 느끼는 우리!

소속감과 자부심
모두 최고인 학교 공동체

"아빠는 어떻게 금요일마다 술을 마시고 와? 혹시 일주일 내내 드시는 거 아닌가요? 제가 집에 없으니 잘 모르지만." "엄마 제 의견은 무시하시는 건가요?"

딸이 이런 에너지를 보여줄 때마다 너무 흡족했다. 왜냐고? 자기주장이 없는 사람이 리더가 될 수는 없는 게 아닌가? 그리고 그런 내 만족감은 직장 동료의 아이가 중학교에 간다는 이야기를 들을 때마다 영선을 추천하는 것으로 이어졌다. 두 아이가 지원했고 아쉽게 떨어졌지만, 앞으로도 추천은 계속될 듯하다. 부모와 떨어져 지내면서도, **자발적인 학습 능력과 자신의 의견을 표현**하는게 좋아질 수 있다니! 꼰대 아빠에게 종말을 고한 영선의 시스템에 찬사를 보낸다.

"영선. 그 이름만으로 졸업생의 수준을 짐작게 하는 이 지역 최고의 명문 사립중학교. 길이길이 영원하여라!!"

3학년 OOO 아버지

'영선중학교는 공부 많이 시키잖아?', '과학고 많이 보내던데?'라고 주위에서 많이들 물어본다. 맞으면서도 틀린 말이다. '영선중학교는 공부를 할 수 있는 환경을 만들어주는 학교.' 더 정확히 말하면 '아이가 원하는 꿈을 찾을 수 있도록! 찾았으면 그 꿈을 이룰 수 있도록! **자신을 가꾸는 기회를 만들어주는 학교**'라는 것이 내가 아이를 영선중학교에 보내면서 느낀 것이고 추천하는 점이자 가장 만족하는 부분이다.

2학년 OOO 어머니

영선중학교에 아이들을 보낸 후 우리 가족의 가장 큰 변화는 **가족 간의 대화가 많이 늘었다**는 것입니다. 기숙사 생활과 새로운 것들을 배우는 일주일 동안의 쌓인 얘기가 그만큼 많다는 뜻이기도 하겠지만, 볼 때마다 더욱 성장하는 아이들이 참 대견했기 때문이기도 합니다. 사춘기를 거치면서 갈등이 생기기도 하였지만, 자연스럽게 자신의 걱정거리 등을 얘기하니 그만큼 가족의 정은 깊어졌고, 다행스럽게도 어려운 시기를 잘 넘길 수 있었습니다.

1학년 OOO 아버지

모든 새싹이 거대한 나무가 되기까지는 큰 노력이 필요합니다. 제 꿈의 새싹이 성장하는 데에 있어 가장 큰 양분은 바로 영선중학교라고 생각합니다. 영선중학교는 **끊임없이 배우고 또 성장할 수 있는 학교**입니다. 학교에서의 다양한 경험을 토대로 저는 제 미래를 고민하고 제 꿈을 확장 시킬 수 있었습니다. 학생들을 향한 애정과 열정이 가득하신 선생님들, 또래임에도 불구하고 배울 점이 넘쳐나는 선후배, 의지하고 배려하며 함께 미래를 꿈꾸는 친구들과 함께하는 3년간의 영선중학교 생활이 저를 앞으로 나아가게 해주는 원동력이 되었다는 것을 믿어 의심치 않습니다. 여러분들도 제 인생의 전환점이 되어준 이곳 영선중학교에서 꿈의 새싹을 키워나가시길 진심으로 응원합니다.

학생회장 3학년 김OO

대한민국의 여느 중학생과 같은 시기를 보내고 있지만, 영선중학교 학생들의 경험에 차이가 있다면 저는 그중 하나를 기숙사 생활이라고 말할 수 있습니다. 기숙사 생활에는 크게 2가지 정도의 특징이 있습니다. 바로 규칙과 공동체이지요. 학생들은 매일 일정하게 하루의 시작과 마무리를 하며 시간을 효율적으로 활용하는 방법을 몸소 체험하고 자신에게 알맞은 시간 관리를 통한 **자기주도 학습**을 실천하고 있습니다. 또한 24시간 동급생들과 함께하며 서로 가까워지고 마음을 나누는 **돈독한 관계**를 이어가고 있습니다. 깊어가던 초 여름밤, 같은 기숙사 방을 쓰던 친구들과 창문을 열고 함께 별을 보았던 1학년의 기억이 제겐 아직도 생생합니다. 생활이 곧 추억이 되고 '우리'로 하나 되어 함께하는 기숙사.

학생 모두에게 특별한 이곳에서 중학교 시절 여러분의 이야기를 써 내려가실 수 있으면 좋겠습니다.

3학년 이OO

전국에서 모인 친구들과 함께 생활하는 기숙사 운영

우리의 자랑 5

- 남, 여 기숙사 운영(4인 1실)
- 협력적 소통 능력, 갈등해결 능력 함양

■ 학생 일과표

시간(오전, 오후)	내용	시간(저녁)	내용
06:30 ~	기상	16:50 ~ 18:00	저녁식사
07:00 ~ 08:10	아침식사 및 등교	18:00 ~ 21:30	방과후 학교 및 자기주도학습
08:20 ~ 16:40	정규수업	21:30 ~ 23:00	휴식 및 개인시간(이후 취침)

전국대회 수상 능력 뿜뿜

우리의 자랑 6

수상명	상격
2022 한민족 통일 문화제전	국무총리상, 통일부장관상, 여성가족부장관상, 도지사상(5), 교육감상(4), 도의회의장상(9), 도협의회장상(5)
2022 선플 공모전	교육부장관상, 공군참모총장상, 해군참모총장상
2022 청소년 자기도전 포상제	여성가족부장관상
2022 독도 사랑 글짓기 국제대회	전라북도지사상, 전라북도교육감상
2022 너도나도 공모전	대상(전라북도교육감상)
2022 신나는 SW·AI 교육 수기 공모전	과학기술정보통신부장관상
2022 새만금 환경골든벨	최우수상, 우수상(2)
2022 한국과학창의력대회(전국대회)	금상
2022 탄소중립 크리에이티브 공모전	동상
2021 신나는 SW·AI 교육 수기 공모전	과학기술정보통신부장관상
2021 새만금 환경골든벨	환경부장관상
2021 한민족 통일 문화 제전	국회의장상
2021 독도 사랑 글짓기 국제대회	부총리 겸 교육부장관상
2021 선플 공모전	방송통신위원장상
2020 한민족 통일 문화제전	통일부장관상
2020 신나는 SW·AI 교육 수기 공모전	한국과학창의재단 이사장상(2)
제32회 대한민국학생 발명전시회	대통령상

EDUTECH
수업사례

> **함께 일하는 기관계**

다양한 기관계 학습 내용을 바탕으로한 건강 검진 역할극 발표수업

과학과 수업에서 에듀테크를 활용하는 것은 학습자의 다양한 학습 경험을 향상하고 학생들의 이해도를 높이며 학습자가 활동했던 내용에 대해 장시간 기억하는데 매우 유익한 방법일 것이다. 이러한 에듀테크 툴들을 활용한다면 아래와 같은 측면에서 효과를 볼 수 있을 것이다.

시각적 학습 지원 | 다양한 에듀테크 툴을 사용하면 과학 개념을 시각적으로 보여주고 이해를 돕는 시각 자료를 제공해 줄 수 있다. 시뮬레이션, 그래프, 차트, 동영상 등의 여러 다양한 매체를 통해 추상적인 개념을 더 쉽게 이해할 수 있다.

실험 시뮬레이션 | 과학 수업에서 실험을 직접 수행하는 것이 가장 효율적이지만 안전상의 이유 등으로 제한될 수 있다. 에듀테크를 활용하면 가상 실험 환경을 통해 다양한 실험을 수행하고 그 결과를 분석할 수 있다. 이를 통해 학생들은 실험 과정과 결과를 직접 체험하며 개념을 이해할 수 있는 장점이 있다.

협업과 상호작용 | 많은 에듀테크 플랫폼은 학생들 간의 협업과 상호작용을 촉진하는 기능을 제공한다. 학생들은 함께 문제를 해결하고 토의하면서 과학 개념에 대한 이해를 깊게 할 수 있으며, 토의 및 여러 활동을 통해 새로운 관점을 배울 수 있다.

실시간 평가와 피드백 | 에듀테크를 사용하면 학생들의 학습 상태를 실시간으로 추적하고 평가할 수 있다. 이를 통해 교사는 학생들의 이해도와 학습 과정을 파악하고, 필요한 경우 즉각적으로 개입하여 지원할 수 있다. 또한, 학생들은 실시간 피드백을 받아 자신의 학습을 지속적으로 개선할 수 있는 장점이 있다.

개별화된 학습 경험 | 에듀테크는 학생들의 학습 수준과 관심을 고려하여 개별화된 학습 경험을 제공할 수 있다. 학생들은 자신의 학습 속도에 맞게 학습할 수 있으며, 개별화된 피드백을 받아 자신의 강점과 약점을 파악할 수 있다.

위 요소들을 최대한 활용한다면 앞으로 다가올 미래사회에 대비한 과학교육을 조금 더 수월하게 할 수 있을 것이다.

EDUTECH
SCIENCE CLASS

활용 에듀테크 도구

구글 슬라이드 ai

SlidesAI.io - Create S...

AI-Powered tool that transforms any text into visually appealing slides, saving you hours of time and effort. Choose from a variety of presentation types and colour...

개발자: SlidesAI.io ↗
정보 업데이트: 2024년 1월 7일

구글 슬라이드는 여러 사람들이 동시에 활용하고, 실시간으로 정보를 공유하고 피드백을 주고 받을 수 있는 장점이 있다. 이 장점을 활용하여 공동 협업이 필요한 과학 프로젝트 수업에 활용한다면 학생들이 효율적으로 협업하는 능력을 키울 수 있게 할 수 있다.

학생들은 구글 슬라이드를 통해 실험 결과, 데이터 시각화, 그래프 등 다양한 시각적 자료를 쉽게 추가하고 편집할 수 있다. 이를 통해 복잡한 과학개념이나 데이터를 서로 이해하기 쉽게 표현하고 공유하는 것이 가능하다.

구글 슬라이드는 언제 어디서든 장소에 구애받지 않고 접근이 가능하므로 학교 수업에서 실험 결과가 종료되지 않아 추후 결과 해석이 필요한 경우 이루어지는 과학 프로젝트의 진행 상황을 쉽게 추적하고 수정하는 것이 가능하다.

구글 슬라이드 ai 기능은 디자인과 레이아웃을 추천하여 프리젠테이션 작성을 도와주어 학생들은 수업, 콘테츠 생성, 과학적 개념 접근 이해, 실험 결과 해석 등에 더 많은 시간을 할애할 수 있는 장점이 있다.

Padlet(패들릿)

패들릿은 사용하기 쉬운 인터페이스와 다양한 기능을 갖춘 협업 도구이다.

패들릿은 여러 학생들이 동시에 작업할 수 있어, 모둠별 실험활동이나 프로젝트 수업에 효과적이다. 학생들이 동시에 아이디어를 공유하고 토론할 수 있어서 과학적 사고력을 향상시키는데 도움을 줄 수 있는 도구 중 하나이다.

패들릿은 텍스트뿐만 아니라 이미지, 링크, 동영상 등 다양한 형태의 콘텐츠를 공유할 수 있다. 이는 과학 수업에서 실험 결과를 시각적으로 표현하거나 관련 링크, 영상을 공유하는 등 다양한 방식으로 활용할 수 있다.

교사는 학생들이 작성한 내용을 실시간으로 확인하고 피드백을 줄 수 있다. 이를 통해 학생들이 과학적 개념을 정확히 이해하고 있는지, 실험과정에 문제가 없는지 등을 확인할 수 있다.

패들릿은 한곳에서 모든 내용을 관리할 수 있어 교사의 수업 관리 및 평가에 용이하다. 교사는 모둠별 진행 상황을 쉽게 파악하고, 필요에 따라 추가 자료를 제공하거나 자료를 배부할 수 있다.

패들릿은 웹 브라우저와 모바일 양쪽에서 모두 사용할 수 있어 집근성이 좋다. 학생들이 모둠별 혹은 개인별로 작성한 수업 자료 및 보고서를 언제든지 볼 수 있고 집에서도 참여할 수 있어 피드백을 주는데 편리한 면이 있다.

공개 수업 지도안 — 김철강 교사	

주제	5. 함께 일하는 기관계 다양한 기관계 학습 내용을 바탕으로 한 건강검진 역할극 발표수업		
과목	과학	출판사	비상
학년	2학년	단원/차시	5단원 동물과 에너지/10차시
성취기준	[9과12-06] 동물이 세포 호흡을 통해 에너지를 얻는 과정을 소화, 순환, 호흡, 배설과 관련지어 설명할 수 있다.		
교수학습 활동 유형	■ 개념설명형(지식전달) □ 의사결정형(토의토론) ■ 문제해결형(탐구, 프로젝트) □ 직·간접체험형(실험, 실기) ■ 놀이활동형		
형성평가 활동 유형	■ 의사소통형(협업, 의견수렴 등) ■ 학습확인형(퀴즈 등) ■ 포트폴리오형(프로젝트 등) ■ 실험실습형(실기 포함)		
활용도구	■ 구글 클래스룸, 뤼튼, 구글 슬라이드 AI, Padlet, 퀴즈앤		
활용 콘텐츠	영상, 이미지		
온·오프 연계 형태	• 온라인으로 수업을 지속하는 경우(온라인→온라인) • 온라인 수업 후 학생이 등교하는 경우(온라인→오프라인) • 등교수업 후 온라인 수업을 하는 경우(오프라인→온라인) • 오프라인으로 수업을 지속하는 경우(오프라인→오프라인)		
기기환경	□ 교사 1기기(학생 기기 미활용) □ 모둠형 기기(학생 모둠별 1기기) ■ 학생 개인별 기기(학생 1인당 1기기) □ 기타		

단계	수업 내용
<1차시> 수업 안내	▶ 학습 목표 - 다양한 기관계가 수행하는 각각의 역할에 대해 학습할 수 있다. - 기관계들이 함께 일해서 원활하게 우리 몸을 유지할 수 있다는 것을 설명할 수 있다. - 건강 검진 항목을 조사 및 발표를 통해 기관계에 대해 학습한 내용들이 우리 생활 속에 활용됨을 알 수 있다. ▶ 차시 수업 주의 사항 - 수업 내용을 기본적으로 정확하게 이해하고 모둠별로 조사 및 발표 활동에 활용할 수 있도록 뤼튼, 구글 슬라이드 AI, 캔바의 사용 방법에 대해 모둠별로 지도한다. 또한, 역할극을 만드는과정에서 뤼튼, 슬라이드 AI를 그래로 사용하는 것이 아닌 모둠별로 협의하여 창의적인 스토리와 학습 내용과 연관지을 수 있도록 지도한다.
도입	▶ 동물과 에너지 단원 최종 복습 및 수업을 위한 뤼튼 활용 방법 안내 및 캔바 사용 안내 - 학습목표 : 다양한 기관계가 어떤 작용을 하는지와 우리가 나중에 받게 될 건강검진의 항목 중 어떤 영역들이 이용되는지 조사하고 역할극을 제작할 수 있도록 안내한다. 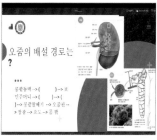   캔바 <동물과 에너지 복습>　　　뤼튼 활용 방법 소개　　　구글 슬라이드 AI, 캔바 소개
전개1 (학습확인)	▶ 모둠별로 모둠별 뤼튼 활용하여 조사 활동 실시 - 혈액학 검사(적혈구, 백혈구, 혈소판, 평균 혈구 혈색소 등) - 뇨, 면역검사(요침사(적혈구, 백혈구),. pH, 포도당, 헤모글로빈 수치 등) - 일반화학 검사(철, 고밀도 콜레스테롤, 저밀도 콜레스테롤, 아밀레이스 등)  

전개1
(학습확인)

▶ 구글 슬라이드 AI(생성형 슬라이드 AI), 캔바(기본 템플릿과 다양한 그래픽을 활용),
뤼튼(이지미 생성 가능)을 활용하여 역할극 배경 만들기
- 바른 자세로 기기를 다룰 수 있도록 하고 장난 치거나 다른 활동을 하지 못하게 설명한다.
- Tonning에 모든 학생이 로그인 할 수 있도록 돕는다.
- 다양한 효과와 사용하는 방법에 대하여 다시 한 번 설명하고,
어려워하는 학생은 손을 들고 도움을 요청할 수 있도록 한다.

전개2
(실험실습)

▶ 모둠별로 패들릿(자료 공유 가능 및 교사 활동 평가 및 학생 피드백에 활용)에 자료 공유
(https://padlet.com/20teacher7/2-2-1-2io8jiq1x5l8rebv)

▶ 모둠별로 역할극 실시
- 모둠별로 협동하여 역할극을 실시한다.

| 혈액학 검사 역할극 | 뇨, 면역검사 역할극 | 일반화학검사 역할극 |

▶ 평가 문항 풀기

- 퀴즈앤에 접속(https://www.quizn.show/quz/show/myShowMain.do)하여 오늘 배운 내용 및
  의학 상식에 대해 정리한다.

정리
(학습확인)

▶ 차시 예고

- 혼합물의 분리 (끓는점 차이를 이용한 분리)

학생
결과물

🔍 | 과제 제시 및 결과 공유

🔍 | 구글 슬라이드 AI

Q | 뤼튼, 캔바

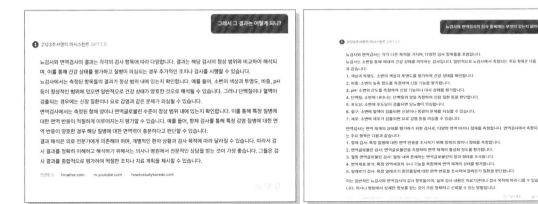

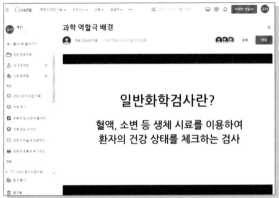

Q | Padlet, 퀴즈앤

🔍 | 프로젝트(역할극) 실시

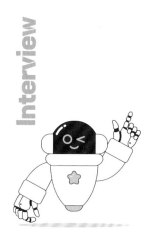

김철강 교사

Q — "함께 일하는 기관계 수업 주제"에서 어떻게 에듀테크를 접목하여 수업을 하셨나요?

A — 2학년 동물과 에너지 단원을 모두 학습하고 난 후 평소 원격 수업 등에 활용하는 구글 클래스룸을 이용하여 사전에 과제를 제시하였습니다. 우리가 여러 기관계에 대해 학습하고 앞으로 시간이 지나면서 본인도 받게 될 건강 검진의 항목에 우리가 학습했던 내용들이 어느 정도 나오고 이를 통해 이 단원을 학습하고 난 후 앞으로 일상생활에 어떻게 활용되는지에 대해 알아보고자 하였습니다. 그리하여 학생들은 각 항목에 대한 자료 조사 및 역할극 시나리오 작성을 하고 나여 본 수업 시간에 확인하고 발표하는 수업을 하였습니다.

Q — 에듀테크 프로그램을 사용한 이유는 무엇일까요?

A — 첫 번째로 구글 클래스룸을 이용한 이유는 평소 원격 수업을 통해 많은 학생들이 원활하게 활용할 수 있어 건강 검진 자료를 과제로 제시하기가 쉽고 아울러 학생들이 과제를 수행 했는지에 대한 판단이 쉽다는 장점이 있습니다.

두 번째로 구글 클래스룸과 연동하기 쉽고 발표 및 역할극 자료를 쉽게 제작할 수 있고 공유할 수 있는 구글 슬라이드 AI를 활용하여 보다 쉽게 제작할 수 있도록 하였습니다. 이는 발표 자료 공유하는데 큰 도움을 주는 프로그램이고 또한 모둠별로 원하는 발표 자료에 익숙한 정도가 다르기 때문에 캔바를 활용하기도 하였습니다. 이 2개의 프로그램은 모두 기존의 발표 자료 작성을 보다 용이하게 하고 공유하기 쉬운 프로그램이라는 장점이 있습니다.

세 번째로 과학 과목은 호기심 및 질문을 통해 학습이 많이 이루어지게 되는데 과학 및 의학에 대한 자료 조사를 하는데 있어서 생성형 AI 프로그램인 뤼튼을 사용하면 질문의 형태로 자료 조사도 심도 있게 조사하여 기본 개념을 쉽게 학습할 수 있고 친구들과 함께 기억에 남을 수 있는 역할극을 하는데 시나리오 작성 및 이미지 생성 또한 보다 쉽게 다가갈 수 있다는 장점이 있습니다.

마지막으로 과학 과목은 그림, 표 등을 통해 학습하고 해석하는 부분이 중요한데 본인들이 조사한 내용을 공유하고 지속적으로 학습할 수 있는 저장 및 활용 기능을 가진 패들릿을 활용하면 언제든지 교사 및 학생들이 확인하는데 용이하여 교사는 평가 및 피드백을 주기 쉽고 학생들은 나중에 복습할 때 의미 있게 활용될 수 있다고 생각합니다.

Q — 선생님만의 에듀테크 사용 노하우가 있을까요?

A — 노하우라기보다는 모든 학생들이 에듀테크를 원활하고 능숙하게 활용하는 것이 쉽지는 않을 거라 판단됩니다. 이에 주로 모둠별로 활용할 수 있도록 하여 자연스럽게 멘토, 멘티의 역할이 이루어질 수 있도록 하고 저 또한 멘토 친구들과 함께 사전 테스트도 해보고 대화도 해보면서 함께 어떤 에듀테크 프로그램이 어떻게 좋은지에 대해 파악해 보고 수업에 녹여 보고자 합니다.

Q — 과학 교과에서 사용될 에듀테크 중에 추천할만한 프로그램이 있을까요?

A — 과학은 기본적으로 탐구설계, 실험 수행, 결과 해석 및 도출이 중요한 과목입니다. 이에 실험을 정량적으로 하고 데이터를 공유할 수 있는 MBL 장치, 공공데이터 활용과 이를 시각화할 수 있는 구글 시트를 추천합니다.

또한 PhET 사이트를 추천합니다. 인터렉티브 시뮬레이션 프로그램을 활용할 수 있도록 만나 사이트입니다. 물리, 화학, 생물, 지구과학의 실험 등에서 위험한 요소, 시간 또는 공간에 구애받지 않고 학생들이 시뮬레이션을 통해 시각화된 부분을 학습하여 학습 능력을 향상할 수 있습니다.

Q — 앞으로도 에듀테크를 이용해서 수업을 진행하실 예정이신가요?

A — 앞으로는 학생들이 필기를 통해 학습하는 것보다 에듀테크의 여러 프로그램 등을 활용하여 학습하는 것이 자연스럽고 학습 능력이 더욱 향상될거라 생각합니다. 물론 저도 에듀테크가 처음이라 부담스러운 마음이 있는 것도 사실입니다. 하지만 무엇이든 처음 시작하는 것이 어렵지 자꾸 접하고 활용하다 보면 익숙해지면서 학생들과 상호작용하는데 에듀테크가 큰 역할을 하리라 생각됩니다. 두려움을 떨치고 도전해 가면서 내년에 실시할 과학 활동 중심학교부터 차분히 MBL과 에듀테크 등을 활용해 나갈 계획입니다.

Interview

노현주 학생

Q — 에듀테크를 활용해 수업을 진행하면서 어떤 변화를 느꼈나요?

A — 가장 먼저 이렇게 에듀테크를 활용해 수업을 하면서 전보다 적극적으로 수업에 참여하는 제 모습을 발견할 수 있었습니다. 선생님께서 수업을 하시고 학생들은 수업을 듣는 일방적인 수업방식과 달리 에듀테크를 활용해 수업을 하며 저를 비롯한 많은 친구들이 수업에 주도적으로 참여하게 되었습니다.

Q — 에듀테크를 활용한 수업에서 어떤 활동을 진행해봤나요?

A — 예를 들어 노트북을 활용해 조별로 혈액학 검사, 일반화학검사, 면역학 검사들을 직접 자세히 조사해보고 구글 슬라이드 AI나 캔바와 같은 프로그램으로 정보들을 구조화해 친구들 앞에서 발표하고 이에 대해 질문을 하는 등의 피드백을 나눈 적이 있었습니다.

Q — 에듀테크를 활용한 수업이 기존의 수업방식과 어떻게 다르다고 생각하나요?

A — 일방적으로 정보를 전달받기만 하는 기존의 수업방식과 달리 에듀테크를 이용하며 학생들이 주체적으로 정보와 의견을 나눌 수 있어 자신감이 생겼고 수업의 내용이 조금 더 기억에 잘 남는다는 긍정적인 효과가 있었습니다.

Q — 디지털 기술을 활용하는 방법을 배우면서 어떤 경험을 했나요?

A — 에듀테크를 활용한 수업 시간에는 chatGPT나 뤼튼 같은 새로운 프로그램들을 사용하는 방법을 수업 내용과 동시에 익혀나갈 수 있습니다. 저 같은 경우 뤼튼 출시 이후에도 한참 동안 사용해 본 적도 사용할 생각조차 없었는데 과학 시간을 통해 처음으로 접해보게 되었습니다.

Q — 에듀테크를 활용 수업에서 어떤 장점을 느꼈나요?

A — 수업 시간에 할 수 있는 활동의 폭이 넓어진다는 것이 장점으로 다가왔습니다. 동물과 에너지 단원을 학습할 때 조를 이루어 조사를 하고 역할극을 준비하는 수업 시간이 있었습니다. 이때 구글 공유 드라이브 서비스를 이용해 친구들과 동시에 한 문서로 작업할 수 있어 의견을 나누는 데 큰 도움을 받았습니다.

Q — 에듀테크를 처음 사용하면서 어려웠던 점은 무엇인가요?

A — 처음으로 수업을 받았던 만큼 낯설다거나 어려웠던 부분이 전혀 없었다면 거짓말일 것입니다. 처음에는 다양한 프로그램들을 어떻게 그리고 어디에 사용해야 할지 전혀 감이 잡히지 않아 고민하기도 했지만 시간이 지날수록 더 발전한 저, 그리고 같은 반 친구들의 모습을 보면서 큰 성취감을 느꼈습니다.

Interview

김사엘 학생

Q — 에듀테크 기술을 활용한 수업에 대한 처음 감정은 어땠나요?

A — 사실 처음 학교에서 에듀테크 기술을 사용해 수업을 진행한다고 했을 때는 의구심이 들었습니다. 그 동안은 잘 써보지 않았던 프로그램을 사용해서 수업에 참여해야 됐었고, 그 프로그램이 수업에 어떤 도움이 되는지 자세히 몰랐었기 때문입니다.

Q — 에듀테크 기술을 활용한 수업에서 어떤 경험을 했나요?

A — 기대 반 의심 반으로 프로그램을 사용하여 수업을 진행했을 때 내가 생각했던 것보다 훨씬 편리하게 프로그램을 사용하여 수업에 참여할 수 있었습니다. 특히 수업 당시 과학 시간에 배우고 있던 내용은 기관계에 관한 내용이었는데, 관련 발표 수업을 준비하면서 프로그램의 도움을 받게 되었습니다.

Q — 발표 준비에 있어서 AI의 도움이 어땠나요?

A — 이미지 생성 AI를 이용하여 원하는 이미지를 쉽게 구할 수 있었습니다. 원하는 이미지의 모습을 글로 적어 입력하면 AI가 글의 묘사 그대로 이미지를 생성해주는데, 이렇게 생성된 이미지를 사용하여 발표 PPT에 적절하게 사용할 수 있었습니다.

Q — 정보를 수집하는 과정에서 AI의 도움은 어땠나요?

A — 여러 데이터를 수집하여 정보를 정리하는 AI에게 '사람의 기관계의 종류와 위치, 기능에 대해 알려줘'라고 질문하였을 때 간단하지만 중요한 정보가 담긴 답변을 받을 수 있었습니다. 또한 '기관계 중 호흡계에 대해 자세히 알려줘'라는 질문에도 간단한 설명이 담긴 답변을 받을 수 있었습니다.

Q — 에듀테크 기술을 활용한 수업이 어떤 변화를 가져다 주었나요?

A — 이러한 생성형 AI를 사용하여 보다 더 자세하고 간략한 정보를 얻어, 학교 수업과 발표 과제에 적극적으로 활용할 수 있었습니다. 처음에는 '이러한 프로그램들이 과제와 수업에 도움이 될까?'라는 생각을 가졌지만, 실제로는 과제를 준비하고, 수업에 참여하면서 큰 도움을 받을 수 있었습니다. 이러한 프로그램들을 통해 자칫하면 복잡할 수 있는 기관계에 대해 보다 더 쉽게 이해할 수 있었던 것 같습니다.

김민찬 학생

Q — 최근 AI 기술 발전에 대한 뉴스를 보셨다고 했는데, 이에 대한 생각은 어떤가요?

A — 뉴스에서 최근 'AI 기술 발전' 등과 같이 첨단 기술이 우리 생활 속에서 발전하고 있다는 것을 알고 있었습니다. 그러나 이 기술들을 직접 교육에 접목시켜 사용해 보면서 직접적인 변화와 효과를 체험할 수 있었습니다.

Q — 수업에서 생성형 AI를 활용한 경험이 어떠셨나요?

A — 생성형 AI를 활용하면서 방대한 자료와 정보를 빠르게 찾아낼 수 있어서 평소에 자료 수집에 걸리던 시간을 단축시킬 수 있었습니다. 또한, 모르는 것을 직접 AI에게 질문하고 효율적인 답변을 얻는 과정에서 수업에 대한 이해도가 높아지는 것을 느낄 수 있었습니다.

Q — 구글 드라이브를 활용한 수업에서 어떤 경험을 하셨나요?

A — 구글 드라이브를 활용해 다른 학생들과 함께 자료 조사를 하고 아이디어를 공유하는 과정이 매우 유익했습니다. 이를 통해 팀원들과의 협업 능력을 키울 수 있었습니다.

Q — 퀴즈앤을 활용한 수업은 어땠나요?

A — 퀴즈앤을 활용하여 직접 퀴즈를 만들고 공유하는 과정에서 창의력을 증진시킬 수 있었습니다. 또한, 만든 퀴즈를 함께 풀면서 재미와 흥미를 느낄 수 있었습니다.

Q — 에듀테크 기술을 활용한 수업이 어떤 변화를 가져다 주었나요?

A — 에듀테크 기술을 활용한 수업을 통해 수업에 대한 흥미와 재미를 느낄 수 있었습니다. 한정된 정보를 제공하는 교과서 대신에 뤼튼AI를 이용하여 다양한 정보를 찾을 수 있었고, 프로젝트 활동 시에는 구글 드라이브를 활용하여 학우들과 아이디어를 공유하며 프로젝트를 더 나은 방향으로 이끌어갈 수 있었습니다. 또한, 퀴즈앤을 이용한 수업을 통해 지식과 재미를 동시에 경험할 수 있었습니다. 앞으로도 에듀테크를 활용한 수업이 계속 이어졌으면 좋겠다는 기대와 함께 이야기를 마칩니다. 감사합니다.

보존되는 역학적 에너지

과학교육에서의 에듀테크의 필요성 및 교사의 역할

과학은 우리가 자연 현상을 탐구하고 설명하는 데 필요한 지식과 방법을 제공한다. 과학적 사고는 관찰, 실험, 측정, 분석, 추론 등의 과정을 거쳐 문제 해결과 이론을 구축해 왔다. 특히 현대사회로 들어오면서 과학은 빠르게 변하였으며, 새로운 발견과 혁신을 가져왔고, 우리의 삶을 더욱 편리하고 발전된 형태로 변화시키고 있다. 이에 따라 과학교육의 변화도 지속적으로 요구되고 있다.

우리나라 과학교육은 1990년 중반 이후 인터넷의 보급으로 첫 번째 변화를 겪으며 발전을 모색하였으나 그 속도가 빠르지 않았다. 2010년 이후 인공지능이 등장하고 전 세계가 코로나 사태를 겪으면서 온라인 교육 플랫폼이 빠르게 보급이 되었고, 2015 교육과정의 핵심인 문제 중심 학습, 실험과 관찰, 과학적 사고력과 문제 해결 능력 강화, 협력과 커뮤니케이션등의 요소와 결부되어 새로운 형태로 발전되어 가고 있다.

과학교육에서 에듀테크의 필요성

에듀테크는 교육과 기술을 결합하여 혁신적이고 효과적인 학습 경험을 제공해 준다. 디지털 기술의 발전으로 인해 학생들은 모바일 기기, 온라인 플랫폼, 가상 현실, 인공지능 등 다양한 에듀테크 도구를 활용하여 학습할 수 있게 되었다. 예를 들어 과거에는 사진 자료나 설명에 의존해 온 지구의 자전과 공전을 간단한 모바일 기기만 있으면 입체 영상으로 쉽게 학습할 수 있다.

이러한 도구들은 학생들에게 개별 맞춤형 학습 경험을 제공하고, 시각화와 상호작용을 통해 개념을 이해하기 쉽게 도와준다. 또한 학생들은 실시간 협업 도구를 통해 다른 학생들과 함께 공동 작업하고, 실시간 피드백을 받으며 학습을 진행할 수 있기ㅋ에 과학교육에서 에듀테크가 필요한 이유다.

에듀테크에서의 교사의 역할

에듀테크 수업에서 교사의 역할은 전통적인 교육과는 큰 차이가 있다. 교사는 학생들의 학습을 지원하고 개별화된 학습 경험을 제공하며, 협력과 커뮤니케이션을 촉진하고 기술적인 문제를 해결하는 역할을 수행한다. 이를 통해 학생들의 학습 효과를 극대화하고 현대적인 교육 방법을 적극적으로 활용할 수 있습니다. 그리고 교사는 에듀테크 기능과 문제 해결에 대한 능력을 갖추고 있어야 학습 환경을 원활하게 유지할 수 있다.

Mentimeter(멘티미터)

멘티미터는 교육적인 기능과 활용법에 매우 유용한 도구이며, 다양한 교육적 성과를 얻을 수 있다.

첫 번째로 학생들은 투표, 설문조사, 의견 공유 등의 활동을 통해 자신의 의견을 표현하고, 수업에 대한 관심과 참여도를 높일 수 있다. 또한 자신의 학습 진행 상황을 실시간으로 확인할 수 있으며, 퀴즈나 평가를 통해 학습 결과를 확인하고 피드백을 받을 수 있어 학습 동기를 부여에 효과적이다.

두 번째로 워드 클라우드나 의견 공유 기능을 통해 학생들은 서로의 생각을 공유하고 토론할 수 있고, 이를 통해 학생들은 자신의 의견을 주장하고 타인의 의견을 수용하는 능력을 키울 수 있어 상호작용을 증진시키는 역할을 한다.

세 번째로 멘티미터를 사용하면 교사는 실시간으로 학생들의 응답과 피드백을 확인할 수 있고, 이를 통해 교사는 학생들의 이해도와 학습 상황을 파악하고, 수업 계획을 조정하거나 보완할 수 있다. 또한 학생들의 피드백을 수집하여 교육 방법이나 수업 내용을 개선할 수 있다.

MBL 실험 : Graphical Analysis

MBL은 Mobile-based Learning의 약자로서 과학실험에서 여러 가지 장점을 갖고 있다. 휴대용 모바일 기기 기반으로 실험을 수행하기 때문에 실험에 대한 접근성이 매우 편리하며, 실험에 더욱 쉽게 접근하고 체험할 수 있도록 도와준다. 또한 가상실험, 실시간 데이터 수집과 분석, 시각화, 공유 기능을 활용하여 과학적 사고와 문제 해결 능력을 발전시킬 수 있다.

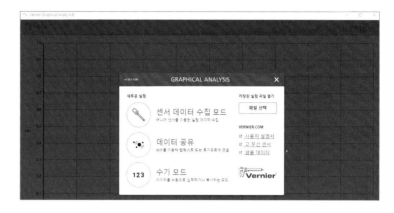

Boardmix(보드믹스)

기존 실험방법은 데이터를 공유하고 분석에 많은 어려움이 있었다. 하지만 MBL 프로그램과 보드믹스를 같이 활용하면 실시간 협업과 여러 실험, 프로젝트 학습이 수월해진다. MBL이 복잡한 데이터를 그래프로 시각화 해주면, 보드믹스를 활용하여 분석과 보고서 작성시 토의 활동이 활발해진다. 또한 직관적 인터페이스로 처음 사용하는 학생도 금방 배울 수 있는 쉬운 인터페이스이기 때문에 활용하는데 어려움이 없다.

<table>
<tbody>
<tr><td rowspan="7">공개
수업
지도안
—
박홍제 교사</td><td>주제</td><td colspan="3">보존되는 역학적 에너지</td></tr>
</tbody>
</table>

주제	보존되는 역학적 에너지		
과목	과학	**출판사**	비유와 상징
학년	3학년	**단원/차시**	VI. 에너지 전환과 보존 2차시
성취기준	[9과22-01] 위로 던져 올린 물체와 자유 낙하 물체의 운동에서 위치 에너지와 운동 에너지의 변화를 역학적 에너지 전환과 역학적 에너지 보존으로 예측할 수 있다.		
교수학습 활동 유형	■ 개념설명형(지식전달) ■ 의사결정형(토의토론) ■ 문제해결형(탐구, 프로젝트) ■ 직·간접체험형(실험, 실기) □ 놀이활동형		
형성평가 활동 유형	■ 의사소통형(협업, 의견수렴 등) ■ 학습확인형(퀴즈 등) ■ 포트폴리오형(프로젝트 등) □ 실험실습형(실기 포함)		
활용도구	구글 클래스룸, 구글 드라이브, 멘티미터, Boardmix, Graphical Analysis, 버니어MBL		
활용 콘텐츠	영상, 이미지, 실시간 퀴즈, 멘티미터, Boardmix		
온·오프 연계 형태	• 온라인으로 수업을 지속하는 경우(온라인→온라인) • 온라인 수업 후 학생이 등교하는 경우(온라인→오프라인) • 등교수업 후 온라인 수업을 하는 경우(오프라인→온라인) • 오프라인으로 수업을 지속하는 경우(오프라인→오프라인)		
기기환경	□ 교사 1기기(학생 기기 미활용) ■ 모둠형 기기(학생 모둠별 1기기) ■ 학생 개인별 기기(학생 1인당 1기기) □ 기타		

단계	수업 내용

<1차시>
수업 안내

▶ 수업 내용
- 자유 낙하하는 물체의 운동에서 역학적 에너지가 일정함을 설명할 수 있다.
- 역학적 에너지의 보존에 대해 설명할 수 있다.

▶ 1차시 수업 주의 사항
- 구글 클래스룸에 접속하여 수업 자료와 보고서 작성 및 제출 링크를 사전에 확인시킨다.
- MBL 분석 프로그램인 Graphical Analysis의 연결과 초기 설정이 틀리지 않도록 교육한다.
- 믹스보드를 활용한 보고서 작성시 유의 사항을 안내한다.

도입

▶ 수업을 위한 클래스룸 과제 확인 및 멘티미터 사이트 접속
- 학생들은 Code 또는 QR를 이용하여 멘티미터에 접속한 후 수업 자료를 확인한다.

전개1
(학습확인)

▶ 앞 차시 학습 확인(멘티미터 활용)
- 운동 에너지와 위치 에너지의 개념을 확인한다.
- 역학적 에너지는 운동 에너지와 위치 에너지로 구성된다는 점을 확인하고,
  서로의 관계에 대해 생각해 본다.
- 물체가 운동할 때 공기 저항과 마찰이 없다면 역학적 에너지는 일정하다는 점을 강조한다.
- 학습 목표 확인

▶ 문제 인식
- 공이 자유 낙하하면서 역학적 에너지가 전환될 때 그 크기는 어떻게 되는가? 또한 어떻게 알 수 있는지 질문한다.

▶ [탐구실험] 자유 낙하하는 물체의 역학적 에너지(버니어 MBL 활용)
- 크롬북과 MBL 센서를 연결 후 Graphical Analysis를 준비한다.
- Graphical Analysis의 기본 설정값을 입력 후 확인한다.
  (다른 모둠의 센서가 인식되지 않도록 주의)
- 스탠드를 이용하여 센서를 설치한 후 자유 낙하 실험을 실시한다.
- 데이터시트에서 위치 에너지, 운동 에너지, 역학적 에너지를 수식 열 생성을 통해 작성한 후
  그래프를 생성한다.

전개2
(실험실습)

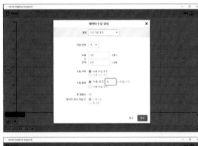

▶ 탐구보고서 작성 및 토의, 발표
- Boardmix 활용: https://boardmix.com/app/editor/uaCgdfW3vGFJKAPp2gHyVg
- 각 결과 그래프를 해석한 후 역학적 에너지의 전환과 보존에 대해 발표하고 본인의 결과와 비교해
  보고 공통점과 차이점을 찾아본다.

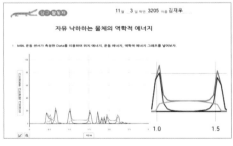

▶ 평가 문항 풀기(퀴즈앤 활용)
- 역학적 에너지와 관련된 퀴즈를 통하여 형성평가를 실시한다.
  (https://www.quizn.show/quz/pin/gamePinForm.do)

▶ 자기 평가 하기(멘티미터 활용)
- 학생 본인의 탐구 수행 과정과 결과를 스스로 확인하여 자신의 과제를 평가한다.

정리
(학습확인)

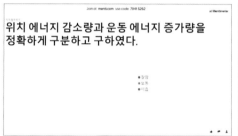

▶ 차시 예고
- 역학적 에너지의 전환과 보존 내용, 개념 정리
- 전기에너지

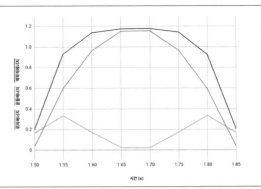

▶ MBL 활용 실험 결과
  - 그래프 분석

▼ 실험 보고서(보드믹스)

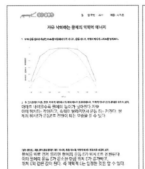
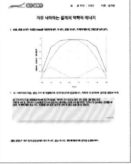
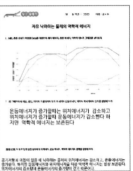

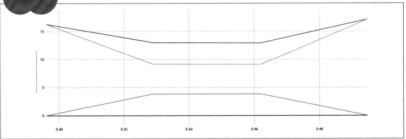

모둠 2 ▼ MBL 활용 실험 결과 - 그래프 분석

▼ 실험 보고서(보드믹스)

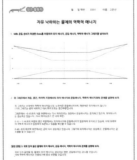

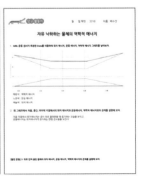

모둠 3

▶ MBL 활용 실험 결과
  - 그래프 분석

▼ 실험 보고서(보드믹스)

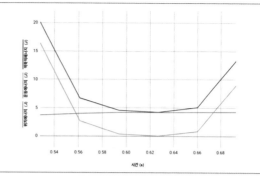

모둠 4

▶ MBL 활용 실험 결과
  - 그래프 분석

▼ 실험 보고서(보드믹스)

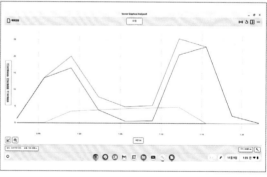

**▶ MBL 활용 실험 결과
- 그래프 분석**

▼ 실험 보고서(보드믹스)

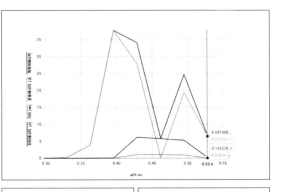

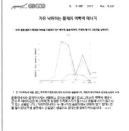

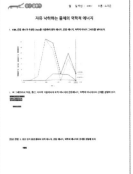

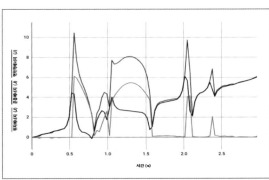

🔍 | 전체 실험 보고서 공유 화면(보드믹스)

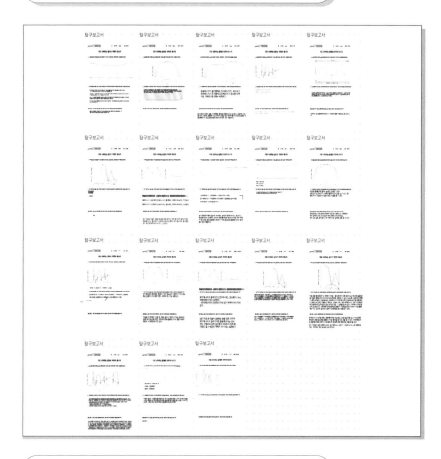

🔍 | 자기 평가 결과(멘티미터)

역학적 에너지 보존을 이해하고 논리적으로 설명하였다.

위치 에너지 감소량과 운동 에너지 증가량을 정확하게 구분하고 구하였다.

탐구 활동에 적극적으로 참여하였고, 협동이 잘 되도록 노력하였다.

박홍제 교사

Q — 에듀테크 도구를 활용한 수업 경험이 있으신가요? 해당 도구를 선택한 이유와 그 효과는 무엇인가요?

A — 에듀테크 시범학교 지정 전 원격수업 기간에 구글 클래스룸과 실시간 공유, 과제 제출 정도로만 활용했습니다. 그 후 2023년부터 여러 기회가 같이 있어 본격적으로 활용하기 시작했습니다. 그리고 해당 도구를 선택한 이유는 수업 시간내에 실험 데이터 분석과 협업, 보고서 작성, 발표까지 가능하게 해주었기 때문에 선택했습니다.

Q — 학생들이 에듀테크 도구를 사용하면서 발생한 문제는 무엇인가요? 이를 해결하기 위해 어떤 방법을 사용하고 있나요?

A — 실제 에듀테크 활용 수업을 하기 전에 에듀테크 환경과 학생들의 도구 활용 능력이 다르기에 걱정을 한 부분이 있지만, 학생들의 습득 능력이 매우 빨랐으며, 무선 기반 환경이 문제 되지 않아 큰 어려움은 없었습니다. 다만 혹시 모를 문제 발생에 대비해 사전 테스트를 실시하고 있습니다.

Q — 학생들의 학습을 모니터링하고 평가하는 방법은 어떻게 되나요? 어떤 데이터나 도구를 사용하시고, 이를 통해 어떤 피드백을 제공하시나요?

A — 수업시간에는 실험을 진행 정도와 결과를 꼭 확인하고 있으며, 수업 후 개인별 보고서를 확인한 후 개별적으로 피드백을 제공하고 있습니다. 또한 흥미 유발을 할 수 있는 퀴즈 앱을 통해 형성평가를 실시하고 있습니다.

Q — 에듀테크 수업에서 학생들의 협업과 커뮤니케이션을 어떻게 촉진하고 있나요?

A — 한 학년의 1년 교육과정을 모두 할 수는 없지만 최대한 모둠별 실험을 실시하고 있습니다. 모둠별 실험 진행시에도 결과에 대한 답은 학생들간 토의를 통해서 도출할 수 있게 하고 있으며, 모둠별 결과를 공유하고 있습니다.

Q — 에듀테크 수업을 통해 학생들이 어떤 능력과 역량을 발전시킬 수 있나요?

A — 2015년 과학과 교육과정에서 제시하고 있는 문제 중심 학습, 실험과 관찰, 과학적 사고력과 문제 해결 능력 강화, 협력과 커뮤니케이션을 통해 과학적인 사고력과 문제 해결 능력을 발전시킬 수 있다고 생각합니다.

Q — 에듀테크 수업에서 교사가 준비해야 할 점은 무엇인가요?

A — 많은 양의 콘텐츠 중에서 학생에 맞는 콘텐츠의 제공과 수업 도구에 대한 사전 준비입니다. 빠르게 변하고 있는 사회에서 여러 콘텐츠와 수업 도구를 다루려면 교사 또한 많은 공부와 연습이 필요하다고 생각합니다.

Interview

조예훈 학생

Q — 에듀테크 수업을 처음 받았을 때 느낌은?

A — 에듀테크 수업을 받기 전에는 종이로 만들어진 교과서만 보면서 공부하다가 학교에 준비된 전자기기들을 이용하여 수업을 들으니 신기하였고, 교과서에 나온 실험들을 다양한 센서들을 이용해서 최대한 정밀하게 실험해보니 실험이 좀 더 재미있어졌고, 그와 더불어 교과서에서 배운 실험값에 크게 벗어 나지 않는 실험값들을 얻게 되면서 뿌듯함도 느낄 수 있었다.

Q — 멘티미터와 Boardmix 공유문서 사용하면서 느낀 장점과 단점은 무엇이었나요?

A — 멘티미터와 Boardmix 공유문서의 실시간 화면이 교실 앞의 큰 TV에 미러링 되면서 친구들의 관심과 집중을 쉽게 한곳으로 모을 수 있었고, 수행과정을 모두가 쉽게 볼 수 있어서 수업과 실험에 대한 진입장벽을 낮출 수 있었다고 생각한다. 또한, 멘티미터로 문제도 직접 풀어보면서 본인을 포함한 친구들의 교과목에 대한 흥미를 증가시킬 수 있었다. 하지만, 태블릿 PC 사용에 익숙하지 않거나 타자가 느린 학생들에게는 멘티미터와 Boardmix 를 사용하는 부분이 어려웠다고 생각한다.

Q — 기존의 실험방법과 에듀테크를 활용한 실험방법을 비교했을 때 에듀테크 실험의 장점과 단점은 무엇이라고 생각하나요?

A — 기존 실험방법의 예를 들어보면 자유낙하 실험을 할 때 투명하고 긴 원통에 공을 넣음과 동시에 스톱워치를 눌러서 거리를 낙하하는 시간을 직접 재는 방식으로 오차범위가 매우 컸지만, 에듀테크를 활용한 실험에서는 센서가 시간과 속도를 측정하고 컴퓨터가 그 값을 정리하여 주었기 때문에 실험의 정확도와 신속성이 향상되었다.

Q — 에듀테크 활용 수업이 본인에게 미친 긍정적인 영향은 무엇인가요?

A — 에듀테크 활용 수업을 통해서 해당 교과목에 대한 흥미가 증대되었다. 과학 교과서에 실려있는 다양한 실험도 해보고, 그에 대한 실험값과 이론값을 비교할 수 있었으며, 더 나아가서 심화적인 부분들을 실험하고 남는 시간에 직접 검색해보면서 스스로 교과목에 대한 지식을 넓힐 수 있었다. 중학교에서 이러한 경험이 처음이었기 때문에 해당 교과목에 대한 흥미가 높아질 수 있었다.

Q — 앞으로 에듀테크 활용 수업이 학습 효율에 어떠한 영향을 미친 것이라고 생각하나요?

A — 다양한 교과의 흥미를 높일 수 있어 관심이 높아질 수 있으며, 자기주도학습 능력이 향상될 것으로 생각된다. 왜냐하면 스마트 기기를 활용해서 스스로 교과목에 대한 정보를 탐색하고 실험하고, 탐구하며 증명하면서 자기주도학습능력과 더불어서 다양한 교과목에 대한 흥미를 증대시킬 수 있을 것으로 생각하기 때문이다.

수업 후기

정수현 학생

시간이 흐르면서 시대는 계속 변화합니다. 그리고 이 변화의 흐름에 따라 수업도 계속 변화한다는 것을 초등학교, 중학교에서 수업을 들어오며 몸소 느끼게 되었습니다. 주로 판서 위주의 수업이었던 과거와는 달리 현재는 크롬북, 스마트 실험 교구, 온라인 협업 체제 등을 수업에 활용하고 있고, 저 또한 전반적인 학교생활에 있어 클래스룸을 통한 과제 작성 및 제출, 부득이한 경우를 위한 온라인 수업, 구글 공유 드라이브를 통해 학우들과 프리젠테이션, 문서를 함께 제작하는 등 에듀테크를 자주 활용하게 되었습니다. 이러한 방법으로 수업을 듣고, 학습해 나가는 과정에서 교육 도구를 자유자재로 활용해 배운 내용을 나만의 것으로 만들어 나간다는 점과 학습 효율이 증가한다는 점에서 에듀테크를 활용한 수업이 많은 장점이 있다는 것을 알게 되었고, 더불어, 좋은 학습 결과도 얻을 수 있었습니다.

특히 저는 질문하는 것을 망설이는 좋지 않은 습관을 가지고 있었는데, 학생 참여형 프리젠테이션을 이용하여 크롬북으로 수업 내용 중 궁금했던 것에 관한 질문을 적어두면, 선생님께서 화면을 보시고, 답변을 해주시는 등 선생님과 학생의 상호작용을 통해 진행하는 수업에서 어느덧 질문하는 것을 두려워하지 않고, 수업을 즐기고 있는 저의 모습을 찾아볼 수 있었습니다.

무선 운동 센서를 이용해 '역학적 에너지'의 개념과 관련된 실험을 진행하면서, 센서의 소프트웨어를 통해 Excel 파일, 그래프 등 실험 결과를 손쉽게 얻고, 자료들을 자유자재로 변환, 생성 할 수 있었기 때문에 학습 내용과 관련해 궁금했던 것에 대한 해답을 스스로 찾아가는 계기가 되었습니다. 또한 친구들과 실험과정에서 구글 공유 드라이브와 Boardmix 등 협업체제를 이용해 자료와 결과를 함께 나누어 정리하고, 공유할 수 있어 소외되는 친구 없이 모두가 함께 참여할 수 있었습니다.

수업 내용 복습을 위해 퀴즈 앤을 활용해 친구들과 실시간 문제를 풀고, 이를 통해 단순한 수업만 하는 것이 아니라 내가 어떤 부분에서 부족한지, 어떤 부분을 더 공부해야 하는지 효율적으로 확인, 복습할 수 있었기에, 공부 방향을 잡기에 큰 도움이 되었습니다. 더불어, 퀴즈 형식의 문제였기 때문에, 모두가 수업을 즐기는 분위기 속에서 과학을 학습할 수 있어 좋았습니다.

이렇듯, 여러 에듀테크들이 녹아들어간 수업시간은 학생들이 수업을 들어야 할 이유를 찾지 못해 그저 피곤하고 지루해하는 '단순 이론 학습'에 국한되어 있는 시간이 아닌, 학생 스스로가 '능동적'으로 실생활에 적용시켜보고, 교과서의 내용을 다양한 면에서 바라보는 과정이 포함되어 있었기 때문에, 수업 과정에서 뿌듯함과 진정한 학습의 즐거움이 무엇인지 느낄 수 있게 되었습니다.

무엇보다 에듀테크를 활용한 수업의 장점이라고 하면 선생님의 말씀을 '듣기'만 하는 것이 아닌, 학생 모두가 보고, 느끼고, 생각하며 참여할 수 있는 자기주도 학습이 가능한 수업이라는 것 입니다. 새로운 교육 도구 덕에 학생들의 참여도와 집중도가 향상되고, 변화하는 시대에 맞추어, 좋은 수업을 만들어 나갈 수 있다고 생각합니다.

언제나 좋은 수업을 고민하시는 선생님과 배움의 즐거움을 찾아가는 학생들은 에듀테크 수업 참여를 통해 더욱 발전할 수 있었습니다. 이러한 에듀테크 수업이 영선중학교에서 더 나아가 대한민국은 물론이고 전 세계 학생들에게 즐거운 수업이 될 수 있기를 고대합니다.

Tooning을 이용한 네컷만화 표현하기

예술을 더욱 다양하게 체험하고 창조할 수 있는 기회

디지털 기술의 급속한 발전은 미술 교육 환경에 새로운 변화를 가져오고 있다. 전통적인 미술 교육은 종이와 연필, 붓과 물감을 중심으로 이루어졌다. 그러나 현재는 디지털 예술이 부상하면서 학생들은 전통적인 미술 도구뿐만 아니라 디지털 기술을 통해 다채로운 미술 경험을 쌓고 있다.

먼저, 디지털 기술은 미술 작품의 제작과정을 혁신적으로 바꿔놓았다. 그림을 그리거나 조각을 만들 때에도 이제는 전자 도구와 소프트웨어를 통해 가상의 캔버스에서 작업할 수 있다. 디지털 도구를 사용하면 실시간으로 수정하고 실험하면서 미술 작품을 완성할 수 있어, 학습 과정이 더욱 동적이고 유연해졌다.

또한, 디지털 기술은 미술 교육의 접근성을 증가시켰다. 온라인 강좌와 튜토리얼은 어디에서든 학습을 가능하게 하여 지리적인 제약을 극복하고 미술 교육을 받고 싶어하는 많은 이들에게 기회를 제공하고 있다. 이는 전통적인 교실에서는 미술 교육을 받을 수 없었던 사람들에게 창의적인 예술의 세계로의 입문을 열어주고 있는 것이다.

디지털 예술은 학생들에게 창의적이고 현대적인 미술 경험을 제공하며 예술과 기술의 융합을 촉진한다. 가상현실(VR)이나 증강현실(AR)과 같은 기술은 미술 작품을 새로운 차원에서 경험하게 해주며 예술의 경계를 넘어선 혁신적인 작품들을 만들어낼 수 있게 한다.

하지만, 이러한 디지털 기술의 발전은 동시에 전통적인 미술의 가치에 대한 고민을 유발하기도 한다. 디지털 예술이 부상함에 따라 전통적인 미술의 중요성이 퇴색되는 것은 아닌지에 대한 우려가 있다. 그러나 전통과 현대를 조화롭게 결합하며 학생들에게 다양한 시각을 제공하는 교육 방식이 중요하다고 생각된다.

결과적으로, 디지털 기술의 발전은 미술 교육 환경을 새롭게 형성하고 있다. 이러한 변화는 예술을 더욱 다양하게 체험하고 창조할 수 있는 기회를 제공하며, 미래 예술가들을 위한 혁신적인 교육 방법을 모색하는 데 도움이 될 것이다.

EDUTECH ART CLASS

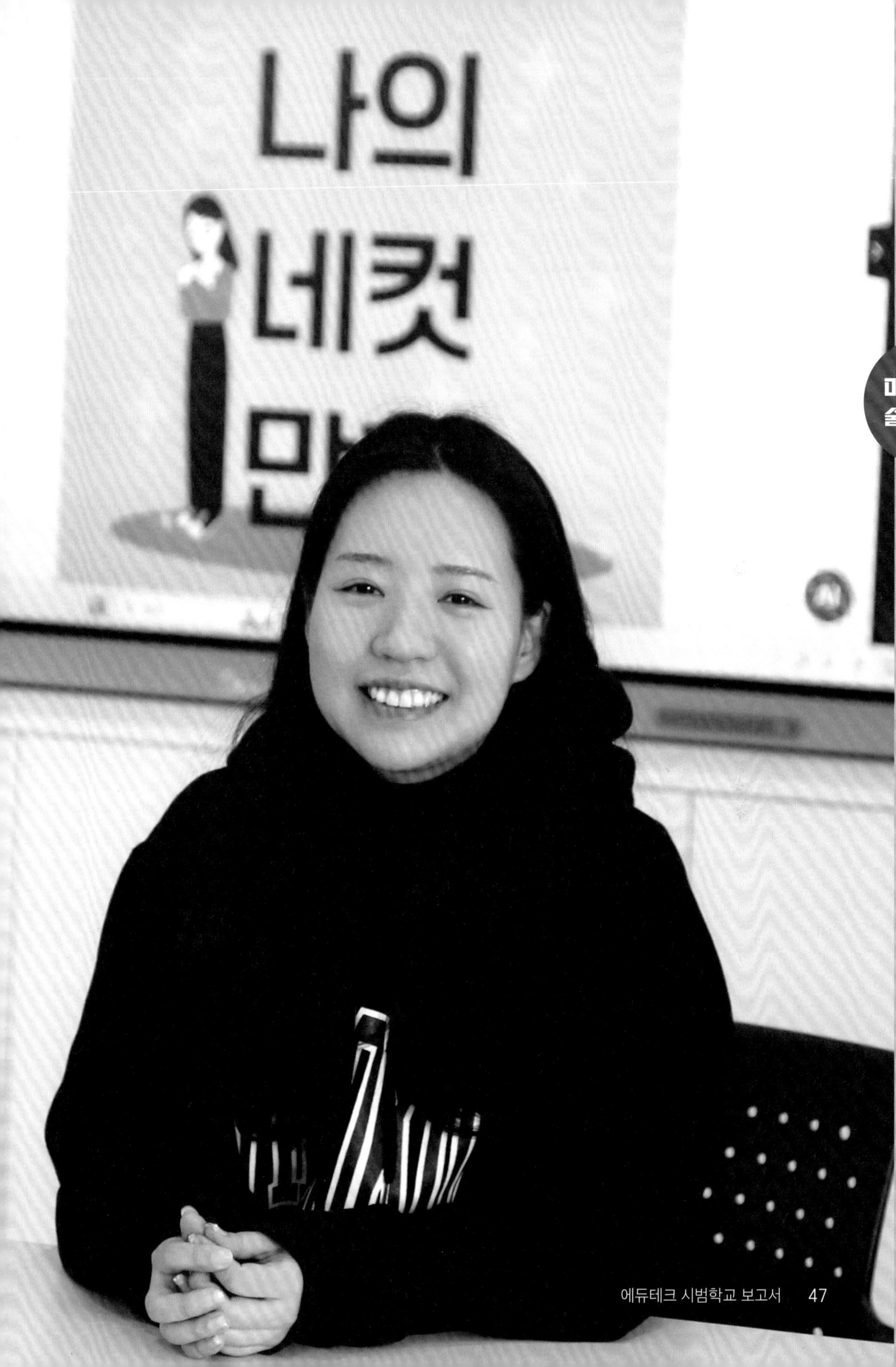
나의
네컷
만

구글 워크스페이스- 클래스룸

구글 워크스페이스(Classroom)는 교사와 학생이 협력하고 소통하며 수업을 관리하는 데 사용되는 통합형 온라인 교육 플랫폼이다. 구글 클래스룸은 구글이 제공하는 클라우드 기반의 서비스로서, 교육 기관이나 교사가 학생들에게 과제를 만들고 제출하며, 학생들이 수업 자료를 공유하고 토론하는 데에 도움을 준다.

교사는 간편한 인터페이스를 통해 수업을 만들고 관리할 수 있다. 이는 교사가 수업의 강의 자료, 과제, 일정 등을 손쉽게 포함할 수 있다는 것을 의미한다. 또한, 교사는 온라인으로 과제를 생성하고 학생들에게 할당할 수 있으며, 학생들은 온라인으로 과제를 제출하고 교사는 해당 과제를 채점할 수 있다.

교사는 구글 드라이브에서 필요한 자료를 직접 클래스룸으로 가져올 수 있다. 이로써 학생들은 강의에 필요한 자료를 다운로드하거나 온라인에서 열람할 수 있다. 수업 내에서 교사와 학생들은 토론을 나눌 수 있으며, 교사는 피드백을 주거나 학생들과 질문에 답할 수 있다.

교사는 수업의 일정을 관리하고 학생들에게 알림을 보낼 수 있다. 이 일정은 Google 캘린더와 연동되어 학생들이 편리하게 접근할 수 있다. 수업에 참여할 수 있는 학생들은 교사의 초대와 권한에 따라 조절되며, 학생들 간의 자료 공유와 토론은 교사의 허가에 따라 이루어진다.

이와 같은 기능들은 구글 클래스룸이 교육 과정을 간편하게 관리하고 학생들 간의 협력을 촉진하는 데 도움이 되며, 구글 워크스페이스의 다른 도구들과 통합되어 더욱 효율적인 교육 환경을 제공한다고 할 수 있다.

투닝(Tooning)

TOONING

이 프로그램은 AI 웹툰 창작툴로써, '누구나 자신만의 이야기를 직접 웹툰으로 만들 수 있다.'는 목표를 가지고 있다. '투닝'(Tooning)은 인공지능(AI) 기반의 스토리텔링 창작툴로 개발되었다.

학생들은 각자의 능력과 실기에 차이가 있다고 생각한다. 이 프로그램은 학생들이 생각 속에 있는 이미지를 구체화하는 데 도움을 주어, 실기 능력이 뛰어난 학생들은 물론, 아이디어는 있지만 그림으로 표현하기 어려운 학생들에게도 지원의 손길을 제공한다. 특히, 수업 현장에서 생각은 이미지로 가득 차 있지만 손으로 표현하는 데 어려움을 겪는 학생들이 많다. '투닝'은 이러한 차이의 간극을 좁히고, 학생들이 흥미를 잃지 않고 자신의 아이디어를 포기하지 않도록 돕는 역할을 수행한다.

또한, 학생들이 자신의 상상을 더 전문적이고 예술적으로 구체화할 수 있도록 지원함으로써, 그들의 창의성과 예술적 표현력을 증진시키는 데에도 기여한다. 이 프로그램은 학생들에게 창작의 즐거움과 성취감을 안겨주며, 자신의 생각과 이야기를 웹툰으로 현실화시킬 수 있는 기회를 제공한다.

**공개
수업
지도안
—
김유라 교사**

주제	Tooning을 이용한 네컷만화 표현하기		
과목	미술	출판사	미진사
학년	1학년	단원/차시	15단원/3차시
성취기준	[9미01-02] 시각문화 속에서 이미지의 다양한 전달방식을 이해하고 활용할 수 있다. [9미02-05] 표현매체의 특징을 알고 다양한 표현 효과를 탐색할 수 있다. [9미02-06] 주제와 의도에 적합한 표현매체를 선택하여 활용할 수 있다.		
교수학습 활동 유형	■ 개념설명형(지식전달) □ 의사결정형(토의토론) ■ 문제해결형(탐구, 프로젝트) ■ 직·간접체험형(실험, 실기) □ 놀이활동형		
형성평가 활동 유형	■ 의사소통형(협업, 의견수렴 등) □ 학습확인형(퀴즈 등) ■ 포트폴리오형(프로젝트 등) ■ 실험실습형(실기 포함)		
활용도구	구글 클래스룸, 뤼튼, Tooning		
활용 콘텐츠	영상, 이미지		
온·오프 연계 형태	• 온라인으로 수업을 지속하는 경우(온라인→온라인) • 온라인 수업 후 학생이 등교하는 경우(온라인→오프라인) • 등교수업 후 온라인 수업을 하는 경우(오프라인→온라인) • 오프라인으로 수업을 지속하는 경우(오프라인→오프라인)		
기기환경	• 교사 1기기(학생 기기 미활용) • 모둠형 기기(학생 모둠별 1기기) • 학생 개인별 기기(학생 1인당 1기기) • 기타		

단계	수업 내용
<1차시> 수업 안내	▶ 학습 목표 - 만화와 애니메이션 표현의 특징을 이해하고 흥미롭게 주제를 표현할 수 있다. - 웹툰 제작 과정에 대하여 이해하고 다양한 효과들을 사용하여 개성있는 네컷만화를 표현할 수 있다. ▶ 3차시 수업 주의 사항 - 학생들이 웹툰 제작과정에 대하여 정확하게 이해하고 각 과정에 맞는 활동을 할 수 있도록 안내해야 하며, 효과음이나 배경선에 대해 설명하고 이를 올바르게 사용할 수 있도록 이끌어야 한다. - 꾸준한 흥미유발과 동기부여를 위해 학생들의 제작물에 대해서는 즉각적인 피드백이 오고 갈 수 있도록 한다.
도입	▶ 흥미 유발을 위해 인기 있는 웹툰 및 네컷만화 감상 후 제작 과정 영상 시청 - 학생들의 흥미를 유발하기 위해 최근 인기 있는 웹툰은 무엇인지, 자주 보는 웹툰이나 만화는 어떤 것이 있는지 질문하고 답하며 분위기를 고조시킨다. 전시학습확인을 위해 웹툰 제작 과정에 대하여 이야기하고 영상을 시청하도록 한다.   웹툰 제작 과정 영상 교과서 속 웹툰 제작 과정 (미술1, 93p) (https://www.youtube.com/watch?v=DaJFgyewmeY)
전개1 (학습확인)	▶ 자신의 네컷만화를 가장 잘 드러낼 수 있는 표지 - 웹툰 사이트를 확인하며 자신이 만들고자 하는 네컷만화의 표지를 구상한다. - 네컷만화의 표지는 이야기의 주제와 장르, 전체적인 내용을 한눈에 알아볼 수 있게끔 설정한다. - 구글 클래스룸에 과제를 생성하여 학생들이 표지를 제작한 후 제출할 수 있도록 한다.   네이버 웹툰 인기 순위(표지 확인용) 구글 클래스룸에 업로드 된 과제

▶ Tooning을 이용한 표지 제작하기
- 바른 자세로 기기를 다룰 수 있도록 하고 장난 치거나 다른 활동을 하지 못하게 설명한다.
- Tonning에 모든 학생이 로그인 할 수 있도록 돕는다.
- 다양한 효과와 사용하는 방법에 대하여 다시 한 번 설명하고, 어려워하는 학생은 손을 들고 도움을
  요청할 수 있도록 한다.

전개1
(학습확인)

Tooning 사이트 접속

Tooning 제작 화면

네컷만화 표지 제작 화면

▶ 완성한 표지를 구글 클래스룸을 통해 제출하기
- 완성한 표지를 파일로 저장하여 구글 클래스룸 과제 항목에 제출할 수 있도록 한다.
  또한 제출한 과제는 즉시 확인하여 돌려보내거나 피드백을 할 수 있도록 한다.
- 제출을 모두 완료한 학생들은 바로 네컷만화 제작에 들어갈 수 있게 안내하고, 수정이 필요한 학생
  들은 마저 표지를 제작할 수 있도록 한다.

전개2
(실험실습)

Tooning 제작 화면

네컷만화 표지 제작 화면

개인별로 화면에 띄우며 감상하고 발표하며
이야기를 나누어본다.

수정 및 보완이 필요한 학생에게는
돌려주기 버튼을 사용해 다시 제출할 수 있도록 한다.

▶ 네컷만화 제작하기
- 표지 제작이 완성된 학생들은 네컷만화를 제작하게 안내한다.
- 전시에 뤼튼AI를 사용하여 제작한 시나리오(대본)를 토대로 한 컷씩 제작하도록 한다.
- 어려워하거나 이해가 되지 않는 부분은 손을 들고 적극적으로 질문할 수 있게 유도한다.

정리
(학습확인)

Tooning을 통해 제작 중인 학생들

네컷만화 제작 과정(1)

네컷만화 제작 과정(2)

▶ 발표하기
- 발표자의 작품은 스마트 칠판을 사용하여 다 같이 볼 수 있도록 한다.
- 장난치거나 떠들지 않고 발표자의 이야기와 작품에 집중하도록 이야기한다.
- 각자 자신이 완성한 표지나 제작 중인 네컷만화에 대하여 설명할 수 있도록 한다.

정리
(학습확인)

▶ 다음 차시 안내 및 정리하기
- 다음 차시에 네컷만화를 모두 완성시키고 클래스룸에 제출할 수 있도록 할 것이라 안내한다.
- 사용한 전자기기는 전원을 끄고 제자리에 가져다 둘 수 있도록 한다.

미
술

네컷만화 표지 제작 예시

네 컷 만화 예시 작품

Interview

김유라 교사

Q — 미술 교과에서 평소에 에듀테크를 사용하고 계시나요?

A — 수업 도입 부분의 흥미 유발 단계에서 사용하고 있습니다. 특히 미술사를 설명하고 작품을 감상하는 부분에 있어서 꼭 필요하고, 디자인 수업이나 자료 검색을 하는 데 도움이 됩니다.

Q — 이번 수업에서는 어떻게 에듀테크를 접목하여 수업을 하셨나요?

A — 미술 교과 단원중 만화와 애니메이션 부분에서 착안하여 학생들이 좋아하는 웹툰을 접목하였습니다. 흥미를 유발할 수도 있고 웹툰은 안 본 학생들이 없을 정도로 상당수가 인지하고 있었기 때문입니다.

Q — 이 에듀테크 프로그램을 사용한 이유 (프로그램 장점, 특징)

A — Tooning은 학생들의 생각 속의 이미지를 구체화하는 데 도움을 줍니다. 학생들의 능력에 따라 실기 능력이 좋은 학생도 있고 그렇지 못 한 학생들도 있는데, 수업 현장에서 생각으로는 이미지가 있지만 손이 따라주지 않으면 포기하는 학생들이 대다수라고 느낍니다. 그러한 차이의 간극을 좁혀주고 학생들이 흥미를 잃고 포기하는 일이 없게 또, 자신이 생각한 만화를 좀 더 전문성 있게 구체화 시켜주는 데 도움을 준다고 생각합니다.

구글 워크스페이스 중 구글 클래스룸은 학생들에게 계속해서 끊임없는 피드백을 주고 받는 데 도움이 됩니다. 저는 과제를 부여하고 학생들은 과제에 자신이 만든 작업물을 업로드 형식으로 제출하게 되는데, 이때 화면에 크게 띄워 내가 아닌 다른 학우들은 어떻게 제작했는지 관찰과 동시에 더 보완했으면 좋겠는 부분을 이야기하고 발표하게 됩

니다. 또한 수정이 필요한 학생은 돌려주기 기능을 통해 다시 과제를 제작할 수 있는데, 이러한 기능들이 수업하는 동안 피드백을 원활하게 도와주는 것 같습니다.

Q — 선생님만의 에듀테크 사용 노하우가 있을까요?

A — 아무래도 예체능 교과는 학생들의 대다수가 편하게 또 재밌게 수업을 인식한다는 점이 장점이라고 생각하는데 이러한 기대심에 부응하고자 계속해서 흥미를 주는 에듀테크를 찾게 되고, 조작이 쉽고, 적은 노력에 비해 큰 효과를 가져올 수 있는 도구들을 이용하려고 노력합니다.

Q — 미술 교과에서 사용될 에듀테크 중에 추천할만한 프로그램이 있을까요?

A — •생성형 AI(뤼튼, Chat GPT) : 조금 지양하는 편이긴 합니다만, 학생들이 생각한 내용을 더 풍성하고 구체적이게 만들 때 도움을 받는 편입니다.

• 구글 Art&Curture : 미술사 수업을 하거나 작품 감상 수업에 사용합니다.

• Karlo AI 캔버스 : 미술사 수업에서 미술 사조별 특징을 가르칠 때 사용합니다.

• Tooning : 애니메이션이나 만화 등의 수업에서 사용합니다.

Q — 앞으로도 에듀테크를 이용해서 수업을 진행하실 예정이신지 (마무리 질문)

A — 모든 수업을 에듀테크로 사용할 수는 없지만 변화하는 시대 흐름에 따라가기 위해서는 부분적으로 수업 내용에 따라 사용할 것 같습니다. 또한 학생들에게 에듀테크 사용할 때의 규칙이나 큰 틀을 정해두면 참여도나 흥미도에서 좋은 결과를 가져주기 때문에 정말 필요한 부분에서 정확하게 활용하면 좋을 것 같습니다.

복건호 학생

Q — 이번 수업시간에 네컷 만화그리기를 에듀테크를 사용해서 수업을 했는데 어땠는지

A — 가장 먼저 신기했습니다. 평소 그림을 그릴 때에는 머리에 '어떻게 그려야겠다.'라는 생각은 들지만 손이 따라주지 않아서 그림이 원하던 대로 그려지지 않았는데요. 투닝이라는 앱을 사용하여 그리니 저의 생각대로 그림이 나와서 정말 신기했던 것 같습니다. 그리고 옛날에는 직접 손으로 그려서 작품을 완성하는데 오래걸렸지만 투닝이라는 앱을 사용해서 그리니 작품을 단시간에 그릴 수 있어서 좋았던 것 같습니다.

김은교 학생

Q — 미술 수업에서 사용된 에듀테크들이 많은 도움이 된다고 생각하는지? 그 이유는?

A — 네 도움이 된다고 생각합니다. 미술은 그리기 실력을 향상시키는 것만이 아닌 창조적인 표현 방법을 배우는 것이라 생각합니다. 하지만 실제로 미술 수업을 할 때 많은 학생들이 번뜩이는 아이디어를 가지고서도 표현의 어려움을 겪고 있습니다. 이번 Tooning을 이용한 수업에서 기존에 있던 자료들도 참고하며 작품을 제작할 수 있어 다채롭게 표현할 수 있었고, 그림 실력이라는 장벽 없이 온전히 친구들의 이야기에 집중할 수 있어서 더 좋았던 것 같습니다.

최선유 학생

Q — 앞으로도 에듀테크를 이용한 수업이 많아졌으면 좋겠는지?

A — 이번 수업을 통해 생각만 하고 제대로 표현하지 못하던 아이디어를 이해하기 쉽게 정리해 표현할 수 있었던 것이 좋았습니다. 이처럼 저희가 저희를 표현할 수 있는 방식이 한정적이었던 기존 수업 방식 대신에 에듀테크를 적극적으로 활용해서 다양한 수업을 한다면 학생들의 표현능력을 키워줄 수 있고 변화하고 발전하는 미래 사회에 미리 대비할 수 있는 기회가 되어줄 것 같아 이런 수업이 많아졌으면 좋겠습니다.

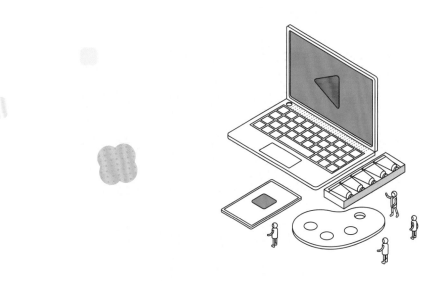

'저출산 고령화 해결 프로젝트 수업

에듀테크를 활용한 포스터 작성 통해
협력적 소통능력과 문제해결 능력 향상

에듀테크는 '교육(Education)'과 '기술(Technology)'의 합성어로, 기술을 활용해 교육 환경을 혁신하고, 학습 효과를 향상시키는 산업을 의미한다. 이는 온라인 코스, 가상현실, AI 등 다양한 기술을 포함한다.

에듀테크 기반 수업의 효과

에듀테크 기반 수업은 교육의 접근성을 높이고, 개인화된 학습 경험을 가능하게 하는 등 다음과 같은 다양한 이점을 제공한다.

첫째, 수업을 언제 어디서든 이용할 수 있어, 시간과 장소의 제약을 줄여준다. 특히 코로나 시대 이후 하나의 트랜드로 자리잡아 교수자와 학습자 모두에게 유용하다.

둘째, AI, 빅데이터 등의 기술을 활용해 학습자의 성향과 능력에 맞춘 맞춤형 학습이 가능해진다. 이로 인해 학습 효율성이 향상되며, 학습의 동기를 높일 수 있다.

셋째, 실시간 피드백 기능을 통해 학습자의 이해도를 즉각 확인하고, 필요한 부분에 대해 보완하거나 재학습할 수 있다. 곧 학습의 질을 높이는 데 큰 도움이 된다.

넷째, 다양한 미디어(영상, 음성, 텍스트 등)를 활용하여 학습자가 쉽고 재미있게 학습할 수 있도록 돕는다. 또한 학습에 대한 부담감을 줄이고, 학습의 흥미를 유발한다.

사회과에서의 프로젝트 학습

프로젝트 수업은 학습자가 스스로 문제를 찾아내고 해결방안을 기획하며, 조사 탐구를 통해 과제를 해결하고 결과를 공유하는 학습 방법이다. 이를 통해 학습자는 학교와 사회의 관련성을 인식하고 앎과 실천을 연결하며, 창의적 사고력과 논리성을 키워간다. 프로젝트 과정에서는 내적 동기와 책임감이 형성되며, 협업 능력과 문제 해결 능력도 향상된다. 또한 전시나 발표를 통해 결과물을 공유하면서 심화학습이 이루어진다.

이번 중학교 1학년을 대상으로 한 에듀테크 기반 '저출산 고령화 해결 프로젝트 수업'은 학습자들이 대한민국의 주요 사회 문제를 바탕으로 저출산과 고령화에 관련된 다양한 활동을 간접 체험하고 배우는 기회를 제공한다. 특히 에듀테크를 활용한 저출산, 고령화 극복 포스터 작성을 통해 학습자들은 사회 문제에 대한 문제 제기와 자료 수집, 분석 활동을 경험하며 협력적 소통능력과 문제해결 능력을 기를 수 있다. 또한 공유 활동을 통해 공동체 역량도 함께 키워갈 수 있다.

활용 에듀테크 도구

캔바(Canva) https://naver.me/5PsHFPma

캔바(Canva)는 교육에 필수적인 커뮤니케이션 및 협업 도구로서 학생들의 참여도를 높일 수 있고, 한 공간에서 피드백 제공이 가능하다. 학생들은 Canva로 프로젝트, 동영상, 포스터, 카드 뉴스, 유튜브 썸네일 등을 손쉽게 제작할 수 있으며 공유 링크를 생성하거나 교사에게 직접 과제를 제출할 수도 있다.

캔바는 다양한 템플릿과 디자인 요소를 제공하여 학생들이 결과물을 쉽게 시작할 수 있도록 도와준다. 캔바에서 제공하는 온라인 기반의 탬플릿은, 학생들에게 창의적인 학습과 시각적 표현력을 향상시키는 기회를 제공하고, 그림 솜씨나 디자인 능력이 부족하더라도 누구나 쉽게 사용할 수 있다는 것이 매우 매력적이다. 그래픽 요소를 드래그 앤 드롭하여 배치하고, 텍스트를 추가하고, 이미지를 삽입하며, 그림을 그리고, 배경을 설정하는 등의 다양한 작업을 할 수 있다. 이러한 사용자 진화석인 인터페이스를 갖추고 있다는 장점 때문에, 학생들이 쉽게 디자인 요소를 추가하고 편집할 수 있다. 그래픽 디자인, 포스터 제작, 프레젠테이션 슬라이드, 인포그래픽 등 다양한 형식의 작업을 지원하여 학생들의 창의력을 발휘할 수 있도록 도와준다.

캔바의 또다른 장점 중 하나는 협업 기능을 갖추고 있어 여러 명의 학생들이 함께 작업하고 공유할 수 있다. 그룹 프로젝트나 팀 활동에서 멤버들이 실시간으로 작업 내용을 공유하고 피드백을 주고받을 수 있어 협력과 소통을 촉진한다. 또한 교사들이 학생들의 작업을 모니터링하고 평가하기에도 유용하다. 학생들의 작업을 손쉽게 확인하고 피드백을 제공하여 학습과정을 개선할 수 있다. 캔바는 시각적인 요소를 활용하여 학생들의 창의적 사고와 표현력을 발전시키는 데 효과적인 도구로 사용될 수 있다.

슬라이도(slido) https://naver.me/x95qvdQS

sli.do slido

슬라이도(slido)는 온라인 수업 뿐만 아니라, 대중을 위한 일반적인 강의에도 이용할 수 있는 프로그램이다. 이외에도 화면 구조가 상당히 직관적이어서 집중력이 분산되지 않고 쉽게 볼 수 있다는 장점이 있다. 필요한 내용이 작은 상자 안에 모두 들어가 있기 때문에 시선을 낭비할 필요가 없다. 특히 수업에 활용하면 다음과 같은 효과가 있다.

1) 전시학습 확인 및 형성 평가
슬라이도의 퀴즈 프로그램을 활용하여 전시학습 확인을 게임처럼 즐기면서 할 수 있다. QR코드로 홈페이지에 접속하여 참여 코드를 누르면 누구나 쉽게 접속할 수 있다. 실시간으로 자신의 획득점수와 순위를 알 수 있어 학생들의 흥미도와 참여가 매우 높다.

2) 수업 동기 유발
'워드클라우드'는 웹 사이트상에서 사용하는 주요 키워드의 시각적 표현. 인기 있거나 중요한 키워드를 한눈에 볼 수 있도록 좋은 위치에 배치하거나, 굵게 나타내는 것을 말한다. 수업 시작 전 주제에 관해 생각나는 느낌이나 연관어를 워드클라우드를 통해 정리하면 동기유발에 좋다.
'투표 기능'은 토론 수업이나 학급 운영에 사용하기 편리하다. 익명으로 의견을 받을 수 있고 결과물이 그래프로 정리되어 한눈에 파악하기 쉽다.
'대화 기능'은 교사의 질문에 대한 응답을 실시간으로 받을 수 있는 기능이다. 화면에 교사의 질문을 올리면 채팅 형식으로 학생들의 의견을 차례대로 볼 수 있어서 매우 편리하다.

3) 부드러운 진행을 위해 다른 프로그램과 연동하고 싶을 때
ppt로 진행하는데 슬라이도의 기능이 필요하다면, 프로그램을 연동한 후 이용하면 된다.

빅카인즈(Big kinds) https://naver.me/xiwliaRH

빅카인즈는 2016년 4월 서비스가 시작된 언론진흥재단이 운영하는 뉴스 빅데이터 분석 서비스로 신문, 방송 등 54개 언론사의 뉴스 검색과 분석 서비스를 제공하고 있으며 누구나 무료로 이용 가능하다.

빅카인즈는 뉴스 분석을 위한 플랫폼으로, 다양한 언론사와 뉴스 매체에서 제공하는 뉴스 기사를 수집하고 분석하는 기능을 제공한다. 이를 통해 사용자는 실시간으로 다양한 뉴스와 관련 정보를 접할 수 있으며, 키워드 기반의 검색, 트렌드 분석, 감성 분석 등 다양한 분석 기능을 활용할 수 있다. 또한 수집된 뉴스 기사를 효율적으로 분류하고 정리하여 제공한다. 다양한 카테고리와 키워드를 활용하여 원하는 주제의 뉴스를 쉽게 찾을 수 있습니다. 그리고 특정 키워드 또는 사건에 대한 트렌드 분석 기능을 제공하여, 해당 키워드 또는 사건의 인기도와 관련된 뉴스 흐름을 추적할 수 있다.

감성 분석 기능은 뉴스 기사에 담긴 감정을 분석하여 긍정적인지 부정적인지를 판단하는 기능이다. 이를 통해 특정 이슈에 대한 대중의 반응을 파악할 수 있고, 뉴스를 비판하는 시각도 길러준다. 빅카인즈는 뉴스 분석 외에도 시각화 도구를 제공하여 데이터를 직관적으로 확인할 수 있다. 그래프, 차트, 워드클라우드 등 다양한 시각화 방식을 활용하여 사용자가 뉴스 데이터를 쉽게 이해하고 분석할 수 있도록 도와준다. 이 외에도 뉴스 모니터링, 뉴스 요약, 관련 뉴스 추천 등 다양한 기능을 제공하여 사용자의 뉴스 관리와 분석 업무를 효율적으로 수행할 수 있도록 지원한다.

빅카인즈를 수업에 활용함으로써 학생들은 실시간 뉴스 분석, 관련 주제 탐구, 대중 반응 이해 등 다양한 효과를 경험하며, 뉴스에 대한 이해도와 사회적인 시각을 확장시킬 수 있다.

주제	12. 한국 사회 변동의 최근 경향 저출산 고령화 사회로의 변화 어떻게 준비할까?		
과목	사회	출판사	금성출판사
학년	1학년	단원/차시	12 단원 /1차시
성취기준	[9사(일사)12-02] 한국 사회 변동의 최근 경향을 이해하고, 이에 대한 대응 방안을 탐구한다.		
교수학습 활동 유형	■ 개념설명형(지식전달) □ 의사결정형(토의토론) ■ 문제해결형(탐구, 프로젝트) ■ 직·간접체험형(실험, 실기) □ 놀이활동형		
형성평가 활동 유형	■ 의사소통형(협업, 의견수렴 등) ■ 학습확인형(퀴즈 등) ■ 포트폴리오형(프로젝트 등) ■ 실험실습형(실기 포함)		
활용도구	SLIDO, 빅카인즈, CANVA		
활용 콘텐츠	유튜브 영상, 신문 기사		
온·오프 연계 형태	■ 온라인으로 수업을 지속하는 경우(온라인→온라인) ■ 온라인 수업 후 학생이 등교하는 경우(온라인→오프라인) ■ 등교수업 후 온라인 수업을 하는 경우(오프라인→온라인) ■ 오프라인으로 수업을 지속하는 경우(오프라인→오프라인)		
기기환경	□ 교사 1기기(학생 기기 미활용) □ 모둠형 기기(학생 모둠별 1기기) ■ 학생 개인별 기기(학생 1인당 1기기) □ 기타		

사
회

단계	수업 내용
<3차시> 수업 안내	▶ 학습 목표 - 사회 문제의 개념과 현상을 이해할 수 있다. - 저출산, 고령화의 개념을 이해할 수 있다. - 포스터 제작을 통해 저출산 문제를 해결할 수 있다. ▶ 수업 주의 사항 - 우리나라의 인구 변화를 나타내는 다양한 통계 자료를 활용하여 저출산·고령화 사회로의 변화를 파악하도록 지도한다. - 에듀테크를 활용하여 학습목표를 해결하도록 지도하되 단순히 재미 위주의 수업이 되지 않도록 충분히 안내한다. - 에듀테크 기기 활용 시 수업 규칙을 정하여 수업의 흐름을 방해하지 않도록 안내한다.
도입	▶ 전시학습 확인 - 슬라이도(slido)를 활용하여 전시 학습을 퀴즈로 확인한다. - 퀴즈 형식으로 재미있게 복습하도록 안내한다.  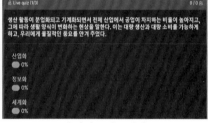 슬라이도 접속 화면　　　　　슬라이도 퀴즈 화면 ▶ 생각 열기 - 캔바 포스트잇 기능을 활용하여 교과서 생각 열기 문제를 해결한다. - 공유화면이 단순해지도록 사전에 번호별로 포스트잇 색깔을 지정해준다. - 친구의 생각을 공유할 수 있도록 안내한다. 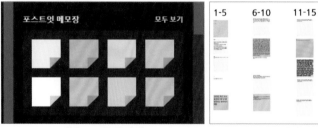 캔바-포스트잇 화면　　　　　　캔바 공유 화면 <생각열기 내용> 1. 1970년대 교실과 2020년대 교실의 차이점을 찾아보자. 2. 이러한 변화가 나타난 원인은 무엇인가? - 생각열기를 통해 한국 사회 변동의 경향을 이해할 수 있도록 안내한다. - 학생들이 단순히 에듀테크 기능의 재미를 추구하는데 그치지 않도록 안내한다.

▶ 뉴스 동영상 시청
- 캔바의 유튜브 연계 기능을 활용하여 주제에 맞는 뉴스를 시청한다.
- 화면을 공유하여 학생들이 다 같이 시청할 수 있도록 한다.

| 캔바-앱 화면 | 캔바-유튜브 영상 공유 화면 |

전개1
(학습확인)

▶ 뉴스 분석하기
- 빅카인즈를 활용하여 언론에 나타난 저출산 고령화의 키워드를 확인한다.
- 교사의 시범을 통해 학생들이 직접 뉴스 기사를 분석할 수 있도록 안내한다.

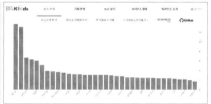

| 연관어 분석-워드클라우드 | 연관어 분석-막대그래프 |

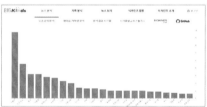

| 연관어 분석-워드클라우드 | 연관어 분석-막대그래프 |

▶ 캔바에서 포스터 작성하기
- 학급 공유 폴더를 작성하여 학생에게 권한주기
- 포스터 작성 방법 설명하기
- 캔바의 다양한 꾸미기 기능 설명하기
- 주어진 시간에 포스터를 작성하여 공유할 수 있도록 지도하기

전개2
(실험실습)

| 캔바-포스터 만들기 화면 | 캔바-포스터 공유 화면 |

전개2 (실험실습)	▶ 포스터 공유하기 - 학생들이 작성한 포스터를 공유방에 올리도록 하고 서로 공유한다. - 친구들이 작성한 여러 포스터를 보면서 학습 목표를 해결한다. - 자신이 만든 포스터를 친구들 앞에서 발표하도록 지도한다. - 투표하기 기능을 통해 우수작을 선정한다.
정리 (학습확인)	▶ 학습 내용 정리하기 - 슬라이도 'open text' 기능을 활용하여 오늘 배운 내용을 정리한다.   open text 화면

포스터 만들기

포스터 만들기

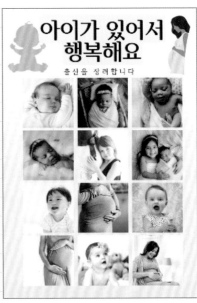

노인들에게
일자리를
만들어줘야한다

수업후기

수업후기

저출산과 고령화에 대해서 다양하고 폭넓은 시각으로 이해할 수 있었다. 직접 만든 포스터에 '가족의 가장 위대한 여정은 아이들'이라고 쓴 만큼 많은 사람들이 앞으로 아이들이라는 새로운 형태의 기쁨을 누릴 수 있길 바라는 바다.

1209김은교

저출산과 고령화에 대해서 다양하고 폭넓은 시각으로 이해할 수 있었다. 직접 만든 포스터에 '가족의 가장 위대한 여정은 아이들'이라고 쓴 만큼 많은 사람들이 앞으로 아이들이라는 새로운 형태의 기쁨을 누릴 수 있길 바라는 바다.

1209김은교

저출산과 고령화에 대해서 다양하고 폭넓은 시각으로 이해할 수 있었다. 직접 만든 포스터에 '가족의 가장 위대한 여정은 아이들'이라고 쓴 만큼 많은 사람들이 앞으로 아이들이라는 새로운 형태의 기쁨을 누릴 수 있길 바라는 바다.

1209김은교

저출산과 고령화에 대해서 다양하고 폭넓은 시각으로 이해할 수 있었다. 직접 만든 포스터에 '가족의 가장 위대한 여정은 아이들'이라고 쓴 만큼 많은 사람들이 앞으로 아이들이라는 새로운 형태의 기쁨을 누릴 수 있길 바라는 바다.

1209김은교

공유화면

Q — 에듀테크 기반 수업을 하게 된 동기는 무엇인가요?

A — 알파 세대를 가르치면서 과학 기술은 점점 빠르게 발전함과 동시에 학교에서도 시대의 흐름을 따라가는 것이 중요하다는 것을 깨닫게 되었습니다. 그리고 학습 효과 향상과 학생들의 학습 동기 부여가 높게 나타나다 보니 자연스럽게 교실에서의 에듀테크 기반 수업이 자리 잡게 되었습니다. 에듀테크는 개인화된 학습 경험을 제공하며, 학생들의 이해도에 따라 학습 속도를 조절할 수 있게 해줍니다. 또한, 새로운 기술을 통해 실생활 문제를 해결하는 능력을 키울 수 있으며, 이는 21세기 핵심 역량 중 하나입니다. 게임 기반 학습 등을 통해 학생들의 학습 동기를 유발하고, 학습에 대한 재미를 느끼게 해주는 것도 중요한 동기 중 하나입니다. 이런 방식을 통해, 학생들은 사신를의 학습에 더욱 적극적으로 참여하게 되며, 이는 궁극적으로 더 나은 학습 결과를 가져옵니다.

Q — 기존 수업과 비교하여 에듀테크 기반 수업의 장점은 무엇인가요?

A — 에듀테크 기반 수업의 가장 큰 장점은 개별화된 학습 환경 제공과 학습의 효율성 향상입니다. 기존의 교육 방식은 모든 학생이 같은 속도와 방식으로 학습하는 것을 전제로 했지만, 에듀테크는 학생 개개인의 학습 능력과 속도에 맞춰진 학습 경험을 제공합니다. 이는 학생들이 자신들만의 페이스를 찾아 효과적으로 학습할 수 있게 도와줍니다. 또한, 에듀테크는 즉각적인 피드백을 제공함으로써, 학생들이 자신의 이해도를 실시간으로 파악하고 개선할 수 있게 합니다. 이외에도, 에듀테크는 학습의 재미를 높이는 게임화 기능 등을 통해 학생들의 동기를 유발하고, 창의적 사고력을 키우는 프로젝트 기반 학습 등 다양한 방법을 제공합니다. 이 모든 요소가 결합하여, 학생들의 학습 효과를 극대화하는 데 큰 도움이 됩니다.

Q — 에듀테크 기반 수업을 활성화하기 위한 보완점은?

A — 에듀테크 기반 수업을 활성화하기 위해서는 몇 가지 주요한 보완점을 고려해야 합니다. 첫째로, 교사들의 기술 역량 강화가 필요합니다. 에듀테크 도구를 효과적으로 활용하기 위해서는 해당 기술에 대한 이해도와 활용 능력이 필요합니다. 따라서, 교사들을 대상으로 한 교육 프로그램이 필요합니다. 둘째로, 학생들의 디지털 소외를 방지해야 합니다. 모든 학생이 같은 기술 접근성을 가지고 있지 않기 때문에, 이를 보장하는 정책적 지원이 요구됩니다. 셋째로, 학생 개인 정보 보호와 관련된 문제를 해결해야 합니다. 에듀테크는 학생들의 학습 자료를 수집하고 분석함으로써 맞춤형 학습 경험을 제공하지만, 이 과정에서 개인 정보 보호가 중요합니다. 이러한 문제들을 해결함으로써, 에듀테크 기반 수업은 더욱 활성화될 수 있을 것입니다.

Q — 주로 활용하는 에듀테크 기기는 무엇인가요?

A — 구글 워크스페이스를 기반으로 학교 업무를 처리하고, 수업내용에 따라 캔바, 패들렛, 슬라이도를 적절하게 분배하여 수업하는 편입니다. 또한 사회 교과는 사회현상을 주로 다루기 때문에 유튜브 영상을 미리 편집하여 자주 활용합니다. 수업이 진행됨에 따라 학생들의 기기 조작 능력도 점점 향상되어 에듀테크 기기는 이제 수업에서 자연스럽게 녹아있습니다.

Q — 에듀테크 기반 수업의 미래 방향은?

A — 에듀테크 기반 수업의 미래는 '개별화', '협업', 그리고 '실생활 연계'로 진화할 것으로 보입니다. '개별화'는 AI를 활용한 맞춤형 학습이 더욱 발전해, 각 학생의 능력, 관심사, 학습 스타일에 맞는 교육을 제공하는 방향으로 나아갈 것입니다. '협업'은 에듀테크가 학생들의 협력적 학습을 더욱 촉진하게 될 것입니다. 온라인 플랫폼을 통해 학생들이 서로 정보를 공유하고, 함께 문제를 해결하는 과정에서 소프트 스킬을 향상시킬 수 있습니다. '실생활 연계'는 가상 현실(VR)이나 증강 현실(AR) 기술을 이용해 학습 내용을 실제 생활과 연결하는 것입니다. 이를 통해 학생들이 이론을 실제 상황에 적용하며 학습하는 경험을 할 수 있습니다. 이런 변화는 교사에게도 새로운 역할을 요구합니다. 교사는 단순히 지식을 전달하는 역할에서 벗어나 학생들의 학습을 돕는 멘토로서, 그리고 학습 환경을 설계하고 관리하는 디자이너로서 해야 할 역할을 강화해야 할 것입니다.

Q — 기억에 남는 수업이 있다면? 그 이유는?

A — 여러 수업 중 '캔바'를 활용한 프로젝트 기반 학습 수업이 가장 기억에 남습니다. '캔바'는 디자인 생성 도구로서, 학생들이 팀을 이루어 프로젝트를 수행하며 협업과 창의성을 발휘할 수 있는 플랫폼입니다. 수업에서 학생들은 각자 또는 모둠별로 주제에 관한 연구를 진행한 후, 그 결과를 '캔바'를 통해 시각적으로 표현하였습니다. 이 과정에서 학생들은 정보를 분석하고, 그 내용을 직관적이면서 명확하게 전달하는 방법을 고민하였습니다. 또한, 학생들이 팀으로 작업하면서 서로의 의견을 존중하고 협업하는 과정을 경험하였습니다. 이런 경험은 학생들에게 문제 해결 능력과 팀워크, 그리고 창의적 사고력을 길러주는 중요한 기회였습니다. 이 수업이 특히 기억에 남는 이유는 학생들이 자기 생각을 시각적으로 표현하면서, 복잡한 개념을 이해하고 협업을 통해 서로의 의견을 전달하는 능력을 향상시켰기 때문입니다.

Interview

김민지 학생

Q — 사회 수업에서는 어떤 주제를 다루었나요?

A — 12단원 사회 변동과 사회 문제 중 우리나라가 직면하고 있는 '저출산과 고령화'에 대해 알아보았습니다. 현재 우리나라에서는 신생아 수는 줄어들고 노인 인구 비율은 늘어나는 저출산과 고령화 현상이 심각합니다. 실질적인 문제에 대해 학습하여 흥미도가 매우 높았습니다.

Q — 이번 수업에서 어떤 활동을 하였나요?

A — 모두 크롬북을 켠 뒤 슬라이도 앱을 통해 저출산과 고령화에 대한 친구들의 생각을 알아보았고, 빅카인즈를 이용해 관련 기사와 연관어를 알아보았습니다. 마지막으로 캔바를 통해 저출산, 고령화의 심각성을 알리고 예방하는 포스터를 만들고, 공유 프로젝트에 포스터를 업로드해 다른 친구들이 만든 포스터를 볼 수 있도록 했습니다.

Q — 에듀테크 수업이 기존 수업과 다른 점은 무엇인가?

A — 에듀테크 수업을 통해 수업내용의 표면적인 개념만 학습하는 것에서 그치지 않고, 실제로 스마트 기기를 이용해 이 문제를 해결하는 방법을 직접 해보면서, 조금 더 심도 있게 경험할 수 있었습니다. 이로 인해 수업이 더 재미있어지고, 수업내용이 더 이해가 잘되고 오래 기억에 남았습니다.

Q — 에듀테크 수업에서 보완해야할 점은 무엇이라고 생각하나요?

A — 학생마다 문제 해결 속도가 다르기 때문에 선생님이 부여하신 과제를 빠르게 수행한 학생은 수업 중 sns 등 다른 앱을 사용하는 경우가 생길 수 있습니다. 또한, 기계 작동 오류나 와이파이가 끊길 경우 수업의 흐름이 끊길 수 있다는 단점도 있습니다. 이러한 점을 보완한다면 더욱 의미있는 수업이 될 수 있을 거라 생각합니다.

Q — 에듀테크에 대한 전반적인 생각은 어떠한가요?

A — 현재 우리는 빠르게 발전하는 시대에 살고 있습니다. 우리 역시 이에 발맞춰 가야합니다. 단순히 교과서로 하는 수업이 아닌 다양한 에듀테크의 방법을 통해 학생들의 다양한 생각과 의견을 펼칠 수 있는 수업이야 말로 진정한 교육방향이라고 생각합니다.

Q — 나에게 '에듀테크'란?

A — 내가 수업에 주인공이 될 수 있도록 안내해주는 고마운 존재라고 생각합니다. 왜냐하면 학생 주도적인 수업을 하는데 에듀테크가 많은 도움을 주기 때문입니다.

학생 수업후기

차태경 학생

AI와 함께하는 시대가 도래하면서 교실에는 스마트 TV, 노트북, 태블릿과 같은 새로운 기기들이 도입되었습니다. 이에 따라 수업 시간에 에듀테크 기기를 사용하는 것이 점차 익숙해졌고, 연필 대신 마우스를 사용하며, 노트에 필기하는 대신 키보드로 타자를 치게 되었습니다. 수업 중 선생님이 활동 과제를 내주시면 굳이 모둠별로 모이지 않아서 가상의 공간에서 모둠활동을 합니다. 이런 빠른 변화는 무척 낯설게 느껴졌지만 동시에 흥미로웠습니다.

에듀테크란 무엇일까요? 에듀테크는 ICT 기술을 교육 분야에 접목하여 새로운 서비스를 제공하는 것을 의미합니다. 간단히 말해, 인터넷과 전자기기를 사용하는 것을 넘어서 정보를 가공하며 친구들과 소통하는 수업 방식을 말합니다. 우리는 선생님께 배운 교과 지식과 인터넷 검색으로 얻게 된 정보들을 가공해서 자신만의 결과물을 만들어 내고, 그 결과물들을 교실 친구들과 공유하면서 소통하는 것에 매우 익숙해졌습니다.

에듀테크 기반 수업은 배운 내용을 '배웠다'에서 끝나지 않고 '사용했다'로 이끌어 주는 수업입니다. 과거에는 개념을 배우고, 익히고, 암기하는 것이 수업의 전부라고 보아도 무방했습니다. 하지만 에듀테크를 사용한 수업은 훨씬 다채롭고 새로웠습니다. 예컨대 우리가 사회 문제인 저출산을 배웠다면, 배운 것에서 끝나지 않고 '저출산 문제를 해결하는 방법은 어떤 것이 있을까?' '저출산으로 인해서 발생한 또 다른 사회 문제는 무엇일까?'라는 생각을 해 보고, 인터넷에서 관련 기사나 자료를 자율적으로 더 찾아봅니다. 그렇게 추가로 얻은 정보와 수업 시간에 배운 내용을 바탕으로 나만의 작품을 만들어 봅니다. 글을 쓰거나, 포스터를 만들어 보는 등. 자신만의 아이디어와 지식을 결합해 창작하는 것입니다. 그리고 자신의 창작물을 발표하고 아이디어를 소개하면, 나머지 친구들은 자신이 미처 생각해 보지 못했던 새로운 아이디어를 배우게 됩니다.

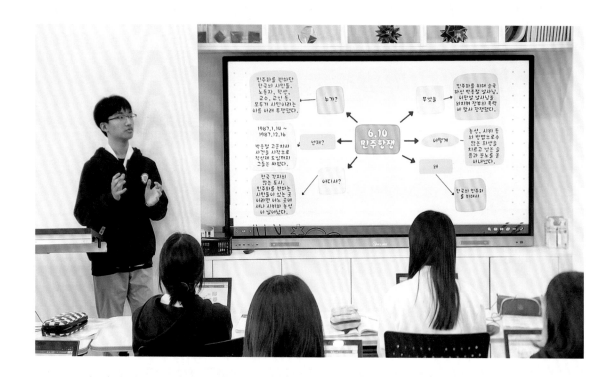

저는 에듀테크 수업을 경험한 후로 많은 변화를 느꼈습니다. 먼저, 수업 내용이 더욱 흥미로워졌습니다. 전통적인 교과서 학습과는 달리, 에듀테크 수업에서는 다양한 디지털 도구와 인터랙티브한 콘텐츠를 활용하여 학습할 수 있어서 신선하고 재미있었습니다. 이를 통해 수업에 더욱 집중할 수 있었고, 지루함 없이 자신의 관심사와 맞는 학습 경험을 할 수 있었습니다. 또한, 에듀테크 수입은 학습 효과를 높여수었습니다. 개인 맞춤형 학습을 지원하는 기능들을 활용하여 자신의 학습 수준에 맞는 콘텐츠를 선택하고, 어려운 부분을 반복적으로 연습할 수 있었습니다. 이를 통해 학습 속도와 이해도가 향상되었고, 성취감을 느낄 수 있었습니다.

에듀테크 수업은 협업과 소통을 촉진해주었습니다. 다양한 협업 도구를 활용하여 동료들과 함께 문제를 해결하고 아이디어를 공유할 수 있었습니다. 이를 통해 팀워크와 소통 능력이 향상되었고, 다른 사람들과의 협력을 통해 더욱 풍부한 학습 경험을 할 수 있었습니다. 마지막으로 에듀테크 수업을 경험한 후로 학습에 대한 태도와 자신감이 긍정적으로 변화되었습니다. 더욱 흥미로운 수업과 개인 맞춤형 학습이 가능한 에듀테크 수업은 저에게 큰 도움이 되었고, 미래에도 지속해서 활용하고자 합니다.

에듀테크 융합 수학수업

더 나은 학습 환경 창조 위해
디지털시대 교육혁신 탐험하다

4차 산업혁명 시대를 살아가는 현대사회 교육 환경의 변화
에듀테크는 현대 교육에 혁신적인 변화를 가져오고 있습니다. 빠르게 변하는 사회의 흐름에 맞는 자연스럽게, 하지만 과도하게 의지하지 않을 수 있는 에듀테크 활용에 초점을 두어 서론을 제시합니다.

에듀테크: 온고지신
과거의 교육은 종이와 연필에 기반한 전통적인 방식이었습니다. 그러나 현대에 들어서면서 디지털 기술의 발전은 교육에 혁명을 일으켰습니다. 학습자들은 더 다양하고 개인화된 경험을 원하며, 교육기관은 이러한 요구에 부응하기 위해 에듀테크를 적극적으로 도입하고 있습니다. 각각의 장단점을 상호보완하는 과정을 거쳐 상황에 맞게 융합한다면 과도기가 짧게 지나갈 수 있을 것입니다.

에듀테크와 프로그래밍의 실제 효과
에듀테크 교과서는 이러한 변화의 흐름을 따라가며, 디지털 시대의 학습 환경에서 최적화된 교육을 제공하는 것을 목표로 합니다. 에듀테크의 개념과 교육에 미치는 영향, 그리고 에듀테크 교과서가 어떻게 이러한 변화에 대응하여 학습자들에게 혜택을 제공하는지에 대해 많은 이야기를 하고자 합니다 이 책을 읽는 모든 교사분들과 함께 디지털 시대의 교육 혁신을 탐험하며, 더 나은 학습 환경을 창조하기 위한 학습의 새로운 지평을 열어보겠습니다.

EDUTECH
MATH CLASS

수 학

활용 에듀테크 도구

스프레드시트

스프레드시트는 학생과 교사 모두에게 편리함을 제공해 주는 도구 중 하나입니다.

스프레드시트는 데이터를 정리하고 구조화하는 데에 우수한 툴입니다. 교사가 담당하는 학생들의 데이터를 구조화하고 정리할 수 있고 또한 학생들도 자신의 계정 하나로 여러 과목의 데이터를 제출 및 확인이 가능합니다.

또한, 수학적인 계산이나 복잡한 수식을 간편하게 적용할 수 있으며 셀 수식을 활용하여 데이터 간 연산을 수행하고, 계산 결과를 실시간으로 확인할 수 있습니다.

그리고 이를 통해 데이터의 트렌드나 패턴을 빠르게 파악할 수 있어 의사 결정에 도움이 됩니다.

과제 제출 역시 교사의 입장에서는 클릭 한 번으로 시간과 장소에 구애받지 않고 과제부여가 가능하며 학생 역시 부여받은 과제를 시간과 장소에 영향을 받지 않고 제출할 수 있다는 점 역시도 스프레드 시트가 가지는 장점 중 하나입니다. 이렇게 제출한 과제는 데이터로 남기 때문에 스프레드시트의 데이터를 다른 형식으로 내보내거나 필요할 때 데이터를 찾아 활용하는 것이 간편합니다.

교사와 학생의 관계에서는 믿음이 가장 중요하다고 생각합니다. 그렇기에 과제 부여 및 제출의 과정에서 공정성 확립은 중요한 요소 중 하나입니다. 스프레드시트는 교사의 과제 부여, 학생의 과제 제출에 대한 데이터가 자동으로 기록되어 예외의 상황이 발생할 수 없이 완벽하게 공정성을 확립해 줄 수 있는 필수적인 에듀테크 도구라 생각합니다.

매스홀릭

매스홀릭"은 수학에 대한 강의와 연습을 제공하는 프로그램 중 하나입니다. 다양한 수학 학습 프로그램 중 매스홀릭을 활용한 이유는 다음과 같습니다.

- 맞춤 학습 경험으로 학생들의 수학 수준과 학습 속도에 맞춘 맞춤형 학습 경험을 제공하여 학습 효율성을 높입니다.
- 인터랙티브한 콘텐츠, 수학 문제와 활동을 통해 학생들이 개념을 더 잘 이해하고 익힐 수 있습니다.
- 실시간 피드백을 통해 학생들이 실시간으로 자신의 오류를 파악하고 수정할 수 있습니다.
- 문제 세트, 비디오 강의, 시각 자료 등 다양한 학습 자료를 제공하여 학생들이 다양한 방식으로 학습할 수 있도록 합니다.
- 학생들의 학습 진도를 추적하고 성취도를 확인하여 어떤 부분에서 어려움을 겪고 있는지를 파악하고 보강할 수 있습니다.
- 어디서든 접속하여 수학 학습을 진행할 수 있는 편의성을 제공합니다.

이러한 특징들이 수학 학습 프로그램을 효과적으로 만들어 학생들이 더 흥미롭게 공부하고 성공적으로 이해할 수 있도록 도와줍니다. 매스홀릭의 이러한 특징을 바탕으로 학생들에게 좋은 학습 경험을 제공할 수 있을 것입니다.

**공개
수업
지도안**
—
박범준 교사

주제	에듀테크 융합 수학수업		
과목	수학	출판사	천재교육
학년	3학년	단원/차시	7단원 통계/1차시
성취기준	중앙값, 최빈값, 평균의 의미를 이해하고, 이를 구할 수 있다.		
교수학습 활동 유형	■ 개념설명형(지식전달) □ 의사결정형(토의토론) ■ 문제해결형(탐구, 프로젝트) ■ 직·간접체험형(실험, 실기) □ 놀이활동형		
형성평가 활동 유형	■ 의사소통형(협업, 의견수렴 등) ■ 학습확인형(퀴즈 등) □ 포트폴리오형(프로젝트 등) ■ 실험실습형(실기 포함)		
활용도구	구글 클래스룸, 티셀파, 매스홀릭		
활용 콘텐츠	영상, 이미지		
온·오프 연계 형태	■ 온라인으로 수업을 지속하는 경우(온라인→온라인) ■ 온라인 수업 후 학생이 등교하는 경우(온라인→오프라인) ■ 등교수업 후 온라인 수업을 하는 경우(오프라인→온라인) ■ 오프라인으로 수업을 지속하는 경우(오프라인→오프라인)		
기기환경	□ 교사 1기기(학생 기기 미활용) □ 모둠형 기기(학생 모둠별 1기기) ■ 학생 개인별 기기(학생 1인당 1기기) □ 기타		

단계	수업 내용
<1차시> 수업 안내	▶ 학습 목표 - 통계에 대해 설명할 수 있다. - 대푯값의 정의를 설명할 수 있다. - 대푯값의 종류와 대푯값이 선택되는 상황을 이해할 수 있다. ▶ 1차시 수업 주의 사항 - E-book을 통해 교과서를 대체하는 과정에서 크롬북을 활용한 E-book의 이용 방법을 이해하고 사용할 수 있도록 한다. - 통계 개념 학습에서 끝나지 않고 단원과 관련된 매스홀릭 형성평가를 주어주고 사고력을 발휘하여 문제를 해결하는 문제 해결력을 기를 수 있도록 지도한다. - 모둠별 멘토링 활동을 통해 학습성취도를 높일 수 있도록 한다.
도입	▶ 티셀파 E-book 준비 - 학습 목표 안내 - 학생들은 티셀파 E-book을 열어 교과서 역할을 하는 프로그램을 실행한다.
전개1 (학습확인)	▶ 대푯값에 대한 정의 • 대푯값을 이해하기 쉽게 예시를 든 티셀파 E-book의 사례와 이를 바탕으로 대푯값을 사용하는 이유에 대해 설명하고 대푯값의 정의를 설명한다. • 반 대표를 뽑는 것과 같이 어떤 자료를 대표하는 값을 찾는 것이 필요한 경우가 있음을 알고 이 단원의 학습에 흥미를 느낄 수 있도록 지도한다. ▶ 평균 • 일반적으로 대푯값에 사용되는 평균에 대한 개념을 티셀파 E-book을 활용하여 설명하고 평균을 구하는 방법을 설명한다. 평균이 사용되는 내신 석차, 반 등수 등을 예시로 들어 평균이 사용되는 상황을 이해시킨다. ▶ 중앙값 • 자료 전체의 특징을 하나의 값으로 나타내는데, 그중에서 특히 자료의 중심 경향 또는 중심 위치를 하나의 값으로 나타내는 것을 다룬다는 것을 티셀파 E-book을 활용하여 지도한다. 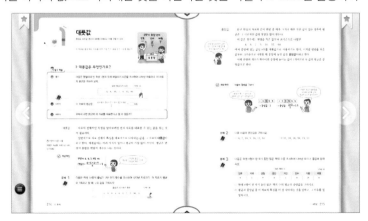

▶ 최빈값
- 자료에서도 빈도가 가장 많은 자료가 최빈값이 됨을 티셀파 E-book을 활용하여 설명한다.
- 수치로 주어지지 않은 자료에서도 최빈값을 구할 수 있음을 이해시킨다.
- 최빈값은 평균, 중앙값과 다르게 2개 이상이 될 수 있음을 티셀파 E-book의 개념확인을 통하여 설명한다.

전개1
(학습확인)

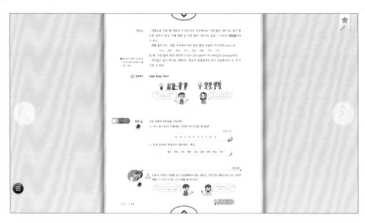

▶ 학습내용 진단평가
- 대푯값 단원의 매스홀릭 진단평가 5문제를 통해 배운 내용을 적용할 수 있게 한다.

전개2
(문제해결형)

▶ 나의 학습성취도 파악
- 문제풀이 이후 매스홀릭 프로그램에서 제시한 종합분석 및 학습성취도를 확인하도록 한다.
- 진단평가 5문제에 대한 분석을 보고 나의 학습법을 어떻게 가져갈지 고민해보는 시간을 가진다.

전개2
(문제해결형)

▶ 모둠별 멘토링 활동 및 발표
- 각 모둠별로 풀이하지 못한 문제를 모둠원끼리 소통하여 설명하는 멘토링 활동을 실시한다.
- 2번과 3번의 문제를 각각 대표학생 1명씩 뽑아 전자칠판으로 풀이하고 설명하도록 한다.

▶ 학습내용 정리
- 티셀파 E-book에서 평균, 중앙값, 최빈값의 의미를 다시 한 번 학생들과 정리한다.

정리
(학습확인형)

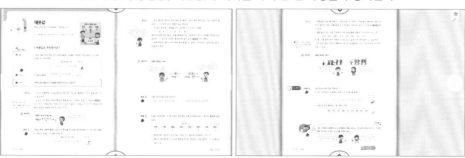

▶ 자기 평가 과제
• 매스홀릭 형성평가 문제를 통해 학습한 내용을 활용할 수 있도록 수행평가 과제를 제시한다.

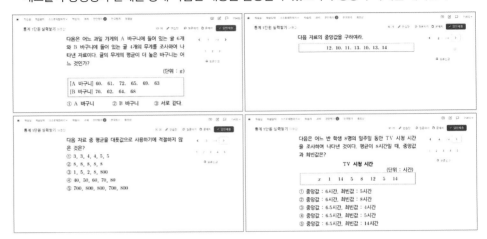

정리
(학습확인형)

▶ 차시 예고
• 티셀파 E-book에서 다음 차시에 학습할 내용인 산포도를 예고한다.

문제풀이 및 결과분석

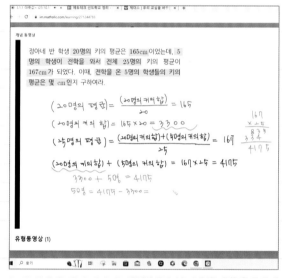

형성평가 및 성취도

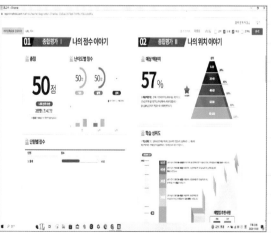

Q — 에듀테크 도구 중 하나로 스프레드 시트를 사용하신 이유는 무엇인지

A — 스프레드 시트는 학생과 교사 모두가 유용하게 활용이 가능하기에 선택하였습니다. 발전하는 현대 사회 속 인쇄물을 제공하고 회수하여 작업하는 방식에서 온라인으로 만든 시트에 과제 등을 제공하고 학생들은 온라인 상에 주어진 과제를 제출하고 복습하는 전보다 간편하고 용이할 뿐만 아니라 제출 날짜가 자동으로 기록되어 공정성 부분에서도 확실한 강점을 가지고 있습니다.

Q — 에듀테크 학습 방식에 학생들은 어려움을 겪지 않았는지

A — MZ세대와 다르게 현 세대는 스마트폰에 익숙합니다. 그러다보니 컴퓨터 활용 면에서 어려움을 느끼는데 이를 해소할 방법 중 하나는 교과 시간 기기를 활용하여 수업을 진행하는 것이라 생각하였습니다. 에듀테크 수업을 처음 진행하였을 때는 기본적인 도구 사용에도 어려워하던 학생들이 학년이 마무리되는 시점에서는 완벽한 사용법을 익히게 되었습니다.

Q — 매스홀릭을 사용하면서 느낀 점은 무엇인지

A — 시대가 변함에 따라 교육의 방식도 변화가 필요하다고 생각합니다. 그러나 언제 어떠한 방식으로 변화해야할지는 정해진 커리큘럼이 없습니다. 그렇기에 가장 기본적인 것을 시작으로 해야한다고 생각했고 기본 중 하나인 교사와 학생의 편의성에 중점을 두었습니다. 형성평가, 진단평가, 단원평가 등을 실시하여 채점하고 점수를 통해 학생의 성취도를 파악하는 데 있어 교사 1인의 시간으로는 현실적인 한계가 존재합니다. 이를 자체적으로 진단하여 성취도를 파악하고 더 높은 성취도를 향한 해결방법까지 제출해주는 매스홀릭 프로그램이 수학 교사들에게는 한 줄기 빛으로 다가오지 않을까 하는 생각을 가지게 되었습니다.

Q — 에듀테크 수업에서 주의해야 할 점이 무엇이 있는지

A — 에듀테크 수업은 수업에 대한 흥미를 유발하고 직접 그래프를 그리고 수식을 써가는 과정을 통해 학습효과가 극대화되고 집중도도 향상 될 것이라 생각합니다. 그러나 핵심은 에듀테크의 본질은 도구라는 것입니다. 수단이 목적이 되어서는 안 되는 것처럼 에듀테크에 너무 맹목적으로 빠지게 되어 에듀테크를 활용한 수업이 아닌 에듀테크 자체만을 보여주기 위한 수업은 스스로 자각하고 지양해야 함을 얘기하고 싶습니다.

Q — 동료 교사에게 에듀테크 수업에 도움을 줄 수 있는 팁이 있는지

A — 처음 에듀테크 수업 진행의 패러다임을 짜기 시작했을 때 1순위는 교사에게 편리하고 복잡하지 않은 도구를 생각하였습니다. 그리고 선택한 것이 스프레드 시트와 매스홀릭 프로그램이었습니다. 결국 중요한 것은 여러 가지를 사용해보고 나에게 맞는 프로그램을 자주 사용하여 적응하고 이를 차근차근 시간을 두어 활용하는 것이라 생각합니다. 누구도 미래를 알지 못하는 과도기지만 그렇기에 정답은 정해져있지 않고 스스로 만들어가는 과정인 해답만이 존재한다는 말을 끝으로 답변을 마치겠습니다.

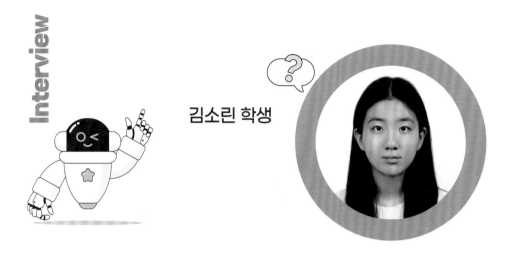

Interview

김소린 학생

2학년 때까지만 해도 난 수학을 싫어하는 학생이었다. 정확히는 수학이 어려웠고, '내가 이걸 왜 배워야해?' 생각해왔다. 마냥 앉아서 풀었던 문제를 풀고 또 푸는 수학이 지겨웠던 것이다. 그런데 에듀테크 수업을 하다보니 점점 수학공부를 하는 시간이 즐거워졌다. 선생님이 내어주시는 문제를 풀어보고 모르는 문제에 대한 피드백을 바로바로 주어 미루지 않고 문제해결이 가능하였고 또 틀린 문제와 비슷한 문제들을 자동으로 제공해줘서 내가 어느 부분이 부족한지를 인지하여 수학 공부를 하는 데 더욱 수월해졌다. 결국 단순히 문제를 풀기만 하는 것이 아니라 생각을 해야한다는 것을 알게 된 점이 에듀테크 수업의 가장 큰 수확이 아닌가 싶다.

수학 공부의 본 목적을 알게 된 지금은 같은 문제를 다양한 방법으로 풀어 보며 수학적 사고에 흥미를 붙였다. 1년이라는 길다면 길고 짧다면 짧은 시간 속에서 학문을 바라보는 시각을 달리 할 수 있다는 점에 있어 매우 의미깊게 생각한다.

이상현 학생

수학 수업을 할 때 단순히 개념을 학습을 하고 문제를 푸는 수업이 아니라 에듀테크 수업을 통해 직접 체험을 할 수 있는 형태의 수업을 받다 보니 수학을 단순히 문제를 해결하는 학문이 아니라 자연의 원리를 논리적으로 탐구하는 것이라는 것을 알게 되었는데 특히 '지오지브라'라는 에듀테크를 기반으로 하여 함수와 원을 탐구한 것이 가장 인상깊었다.

또한 수학적인 면이나 논리적 사고의 측면에서 성장할 수 있었던 것은 수학 진단평가 이후 받은 성취도와 그에 관한 피드백이었다. 틀린 문제와 관련된 해설, 교과내용과 유사유형의 문제를 제공해줘서 논리적으로 사고하는 능력, 문제를 분석하는 방법을 기를 수 있었던 것 같다.

에듀테크를 활용한 만화책 만들기

에듀테크 도구를 통해 더 효율적이고 효과적인 학습경험 제공

영어 교육 목표의 변화

2022 개정 영어과 교육과정은 미래 사회의 변화에 대응하여 '영어 의사소통 역량'을 영어과의 총괄적인 핵심역량으로 명명했다. 이 역량은 영어를 통한 다양한 정보의 습득, 문화적 산물의 향유, 창의적인 자기표현, 그리고 영어 사용자들과의 협력적 상호작용 능력의 강화에 중점을 두고 있다.

에듀테크의 중요성 강조

이러한 교육 목표의 달성을 위해, 디지털 시대에 맞는 에듀테크 도구의 활용이 강조되고 있다. 기술 중심의 환경에서 성장한 현대 학생들은 디지털 도구를 통한 학습에 더 익숙하며, 에듀테크의 사용은 학생들에게 더 현대적이고 관련성 높은 학습 경험을 제공한다.

학습 스타일의 다양화

에듀테크 도구는 학생들이 시각적, 청각적, 상호작용적 방법을 포함한 다양한 학습 스타일을 통해 영어를 학습할 수 있도록 지원한다. 이는 학생들의 개별적인 학습 요구와 선호를 충족시키며, 교육의 다양성과 유연성을 증진하는 데 이바지한다.

학습 과정의 효율화

에듀테크 도구의 활용은 학습 과정을 효과적이고 효율적으로 만들어준다. 온라인 플랫폼, 상호작용 활동, 영상 자료를 활용해 학습 내용을 이해하고 동기를 부여하며, 즉각적인 피드백과 개인화된 학습 경로를 통해 학습 효과를 극대화한다. 이는 학생들에게 더욱 맞춤화된 학습 환경을 제공하며, 교육 효과를 높이는 데 중요한 역할을 한다.

교사의 역할

에듀테크 도구는 교사에게도 여러 혜택을 제공한다. 교사는 이러한 도구들을 활용하여 더욱 창의적인 교수법을 적용하고 학습 자료를 효율적으로 관리할 수 있다. 또한 디지털 평가 도구의 사용으로 학생들의 학습 진행 상황을 효과적으로 모니터링하고 적절한 지원을 제공할 수 있어, 교육의 질을 높이는 데 이바지한다. 즉, 에듀테크 도구들을 통해 교사는 학생들에게 더 효율적이고 효과적인 학습 경험을 제공할 수 있다.

EDUTECH
ENGLISH CLASS

Book Creator(북크리에이터)

북크리에이터를 사용함으로써 학생들은 최신 기술을 활용해 자신의 아이디어를 표현할 수 있다. 이는 디지털 문해력과 영어 실력을 동시에 향상시키는 기회를 제공하며, 디지털 시대의 요구에 부응하는 교육 방식이다. 학생들은 기술적인 측면과 언어적인 측면을 동시에 경험하며, 두 영역에서의 능력을 강화할 수 있다.

북크리에이터를 통한 만화책 제작은 학생들이 자신의 이야기를 시각적으로 풍부하게 표현하는 기회를 제공한다. 이 과정에서 학생들은 영어를 사용하여 창의적으로 생각을 표현하는 방법을 배우게 된다. 이는 단순한 언어 학습을 넘어서 학생들의 창의력과 표현력을 종합적으로 발전시키는 데 크게 이바지한다.

만화책 만들기 프로젝트는 모둠 활동을 통해 협업 능력을 발달시킨다. 학생들은 서로의 아이디어를 공유하고, 피드백을 주고받으며 함께 작품을 완성해 나간다. 이 과정은 학생들의 의사소통 능력과 협업 능력을 강화하며, 사회적 상호작용 능력을 향상시킨다.

북크리에이터를 이용한 만화책 만들기는 학습 과정을 더욱 흥미롭고 참여적으로 만든다. 학생들은 자신들의 작품을 디지털 형태로 만들어내며, 이 과정에서 큰 만족감과 성취감을 느낀다. 이러한 활동은 학습에 대한 학생들의 관심을 유지하고 영어 학습에 대한 긍정적인 태도를 장려한다.

종합적으로 볼 때, 북크리에이터를 활용한 만화책 만들기는 현대 교육 환경에서 중요한 역할을 하는 혁신적이고 효과적인 교육 도구이다. 2022 개정 영어과 교육과정은 이러한 디지털 및 인공지능 리터러시의 중요성을 강조하며, 학생들의 영어 학습 성장을 지원하는 방법으로 디지털 도구의 활용을 권장한다.

Wrtn(뤼튼)

모두를 위한 AI 포털

중학교 2학년 영어 수업에서 뤼튼이라는 생성형 AI 도구를 사용하는 것은 매우 효과적인 교육 방법으로 자리 잡을 수 있다. 뤼튼은 오픈 AI의 Chat GPT와 네이버의 하이퍼클로바 모델을 기반으로 한 콘텐츠 생성 플랫폼으로, 다양한 교육적 요구에 맞춰 콘텐츠를 생성할 수 있는 장점을 갖추고 있다.

이 도구는 수업에 필요한 이미지 생성, 질문 답변, 동화책 스토리 구성, 글의 핵심 요약, 독서감상문, 영화 대본, 블로그 포스팅, 영문 에세이 작성 등 다양한 유형의 콘텐츠를 제작하는 데 유용하다. 이러한 기능은 학생들이 영어 표현을 다양한 형태로 실습하고 창의력을 발휘하는 데 도움을 주며, 특히 만화책 만들기 수업에서 학생들의 창의력을 자극하고 독창적인 아이디어를 구현하는 데 큰 효과를 발휘한다.

뤼튼은 특정 테마나 콘셉트에 맞는 이미지를 쉽고 빠르게 생성함으로써 개인화된 교육 경험을 제공한다. 이는 학생들의 관심사와 연결되어 효과적인 학습을 가능하게 하며, 수업 준비와 진행 시간을 절약하는 데에도 이바지한다. 또한, 시각적 학습자에게는 텍스트 기반 학습과 시각적 요소의 효과적인 결합을 통해 복잡한 개념을 쉽게 이해하고 기억할 수 있는 환경을 제공한다.

한국어에 특화된 AI 모델을 사용하는 뤼튼은 생성된 결과물을 영어로 번역하는 기능을 제공한다. 이는 한국어를 모국어로 하는 학습자에게 특히 유용하며 영어 학습에 있어 중요한 자원이 된다. 또한, 뤼튼의 결과물은 사용자에게 귀속되어 있어 저작권 문제없이 다양한 방식으로 활용할 수 있다. 이러한 장점들로 볼 때, 뤼튼은 중학교 영어 수업에서 다양한 활동을 풍부하고 창의적으로 만들어주는 중요한 교육 도구가 될 수 있다.

공개 수업 지도안

—

이지은 교사

주제	에듀테크를 활용한 만화책 만들기		
과목	영어	출판사	천재교육(이재영)
학년	2학년	단원/차시	Lesson 7. A Life Full of Fun / 3차시
성취기준	[9영02-03] 일상생활에 관한 그림, 사진, 또는 도표에 대해 설명할 수 있다. [9영03-02] 일상생활이나 일반적 대상이나 주제에 관한 글을 읽고 세부 정보를 파악할 수 있다. [9영04-03] 일상생활에 관한 그림, 사진, 또는 도표 등을 설명하는 문장을 쓸 수 있다.		
교수학습 활동 유형	■ 개념설명형(지식전달) □ 의사결정형(토의토론) ■ 문제해결형(탐구, 프로젝트) ■ 직·간접체험형(실험, 실기) □ 놀이활동형		
형성평가 활동 유형	■ 의사소통형(협업, 의견수렴 등) ■ 학습확인형(퀴즈 등) ■ 포트폴리오형(프로젝트 등) ■ 실험실습형(실기 포함)		
활용도구	북크리에이터, 멘티미터, 뤼튼, 구글문서		
활용 콘텐츠	Google image, Wrtn image, Giphy		
온·오프 연계 형태	■ 온라인으로 수업을 지속하는 경우(온라인→온라인) ■ 온라인 수업 후 학생이 등교하는 경우(온라인→오프라인) ■ 등교수업 후 온라인 수업을 하는 경우(오프라인→온라인) ■ 오프라인으로 수업을 지속하는 경우(오프라인→오프라인)		
기기환경	□ 교사 1기기(학생 기기 미활용) □ 모둠형 기기(학생 모둠별 1기기) ■ 학생 개인별 기기(학생 1인당 1기기) : 크롬북 □ 기타		

단계	수업 내용
<3차시> 수업 안내	▶ 수업 내용 - 만화의 종류와 역할을 이해할 수 있다. - 만화의 특징을 이해하고 교훈을 주는 만화를 제작할 수 있다. - 모둠별 협업으로 제작한 만화에 대한 의견을 제시하고 교환할 수 있다. ▶ 3차시 수업 주의 사항 - 만화의 다양한 종류와 역할을 이해하고, 만화책 제작 활동을 통해 창의적 사고와 의사소통 능력을 향상할 수 있도록 지도한다. - 에듀테크를 효과적으로 활용하여 학습 목표를 달성할 수 있게 지도하며, 단순한 흥미 위주의 수업이 아니라 의사소통 능력을 함양하는 균형 잡힌 수업이 되도록 유의하며 진행한다. - 에듀테크 도구를 활용할 때 수업의 흐름을 방해하지 않도록 사용 규칙을 정하고 제시한다.
도입	▶ 전시학습 확인 - 멘티미터(Mentimeter)를 활용하여 전시학습을 퀴즈로 확인한다. - 퀴즈 형식으로 주의를 환기하고 수업에 집중할 수 있도록 안내한다.  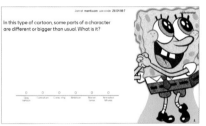 멘티미터 접속 화면 　　　　　　　　 멘티미터 퀴즈 화면 ▶ 동기 유발 - 만화는 단순하게 읽는 매체가 아니라 자신이 직접 만들 수 있는 창작의 영역임을 제시한다. - 만화 제작 활동을 안내하며 창의적 사고 능력과 의사소통 능력을 키울 수 있음을 제시한다. <교사가 만든 만화책 제시를 통한 흥미 유발> - 교사가 제작한 만화책을 학생들에게 보여준다. 　(교과서 5과 Wrap Up의 이야기를 소재로 한 만화책을 제시한다.) - 익숙한 소재를 안내하면서 학생들의 흥미를 유발한다.   만화책 제작 참고자료 　　　　　　　　 교사가 만든 만화책 제시

▶ 북크리에이터에서 만화책 제작하기
- 북크리에이터의 만화책 만들기 기능 및 방법을 설명한다.
- 학급 공유 도서관을 만들어 급우들이 발표할 내용을 살펴보게 한다.
- 모둠별 도서관을 만들어 모둠원이 협업하여 만화책을 제작하도록 안내한다.
- 주어진 시간에 만화책을 완성할 수 있도록 안내한다.

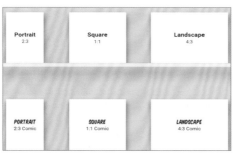
북크리에이터-템플릿 선택 화면

북크리에이터 만화제작 화면

▶ 뤼튼(Wrtn)이 제공하는 아이디어 및 이미지 활용하기
- 스토리를 구성할 때 뤼튼(Wrtn)에서 아이디어를 얻을 수 있음을 안내한다.
- 만화책에 포함할 이미지를 만들 때, 뤼튼(Wrtn)에서 이미지 생성이 가능함을 제시하고
  활용 방법을 안내한다.

전개1
(학습확인)

뤼튼을 활용한 스토리 구성

뤼튼을 활용한 이미지 생성 화면

▶ 뤼튼(Wrtn)이 제공하는 영작문 및 영어 번역 활용하기
- 만화책을 만들 때, 뤼튼(Wrtn)을 활용한 영작문 하기를 안내한다.

뤼튼을 활용한 영어 번역

뤼튼을 활용한 영작문

▶ 모둠별 발표 주제 및 교훈 확인하기
- 모둠별로 제작할 만화책의 주제와 교훈을 살펴본다.
- 각각의 교훈을 어떻게 제시할지 예측해 본다.

북크리에이터에 올린 발표 주제

전개2
(제작 및 발표)

▶제작한 만화책 공유하기
- 모둠별로 만든 만화책을 급우들 앞에서 발표하도록 안내한다.
- 급우들이 발표한 만화책을 보며 각 만화에서 제시하는 교훈을 찾아본다.
- 모둠별로 만든 만화를 공유하여 상호 평가하게 한다.

북크리에이터에 올린 만화책 표지 모습

▶ 학습 내용 정리하기

- 멘티미터의 여러 기능을 활용하여 오늘 학습한 내용을 정리하고 자기평가를 한다.

정리

| 멘티미터 개방형 질문 화면 | 멘티미터 랭킹 화면 |

모둠 1

만화책
결과물

모둠 2

만화책
결과물
(중간생략)

학생
결과물

모둠 3

만화책
결과물

모둠 4

만화책
결과물
(중간생략)

TRUST YOURSELF! YEAH!

Author: Shin 00, Lee 00, Yoon 00

도리 도리
도리 도리
감 자 도 리

There was a potato called Gamjadori who thought negatively about everything.

One day, Gamjadori was walking down the street.

On the way, Gamjadori met a crocodile.

Do you trust yourself? Don't you believe in yourself?

Umm.. I think I don't really believe in myself

All good things start with believing in yourself. Trust me.

Gamjadori thought again about the crocodile's words.

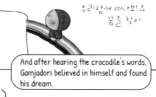
우리함께 떠나봐요 꿈을찾아

And after hearing the crocodile's words, Gamjadori believed in himself and found his dream.

THE END

BE A VOICE, NOT AN ECHO

AUTHOR: CHOI 00, PARK 00, JANG 00

ONCE UPON A TIME, THERE WAS A SMALL VILLAGE WHERE PEOPLE LIVED PEACEFULLY, COMING TOGETHER AS A COMMUNITY, HELPING AND SUPPORTING ONE ANOTHER.

THE NEXT DAY...

ONE DAY, STRANGE THINGS STARTED HAPPENING IN THE VILLAGE

Wow, Wow, Wow

PEOPLE REPEATED WHAT OTHER PEOPLE SAID. EVENTUALLY, THE VILLAGE WAS FILLED WITH VOICES REPEATING THE WORDS.

SLOWLY, THE VILLAGERS BEGAN TO UNDERSTAND THE MEANING BEHIND THE WORDS. THEY HAVE A DISTINCT VOICE THAT SETS THEM APART FROM OTHERS.

THE VILLAGE BECAME A PLACE FULL OF DIVERSITY AND CREATIVITY. PEOPLE RESPECTED EACH OTHER'S OPINIONS AND SHARED NEW IDEAS, LEADING TO GROWTH AND DEVELOPMENT.

THE MOTTO "BE A VOICE, NOT AN ECHO" MEANS TO VALUE OUR UNIQUE IDEAS AND OPINIONS. BY VALUING OUR OWN THOUGHTS AND COMMUNICATING WITH OTHERS, WE CAN CREATE A BETTER WORLD.

RIGGED!!!

🔍 | 에듀테크를 활용한 만화책 만들기 수업에 대한 학생 피드백

Join at menti.com | use code 7992 7103   📊 Mentimeter

오늘 수업을 통해 무엇을 할 수 있고 무엇을 알게 되었나요?

20 responses

여러가지 만화를 봐서 재미있었고여 러가지 교훈을 얻게 되어 뜻깊은 시간 이었다.

명언을 만화책으로 만들어서 재미있 었고 유익한 시간였다고 생각했습니 다

집적 만화도 만들어 보고 뤼튼이라는 새로운 프로그램을 알게되어 굉장히 소중했던 순간이었다.

인공지능을 통해 글을 쓰거나 이미지 를 생성하는 방법을 알 수 있어서 정말 유익했고, 직접 만화책을 만들거나 보 게 되어서 정말 재미있었습니다!

다양한 만화의 종류에 대해서 알게되 었고, 직접 작가가 되어 교훈이 있는 만화책을 만들었다는 것이 기억에 남 는다.

뤼튼이라는 AI를 통해서 이미지를 검 색할 수 있다는 것을 알게 되었으며, 이로 만화를 만들어볼 수 있어 재미있 었다

오늘 많은 교훈을 얻어서 좋았던 것 같 았고, 또 여러가지 만화책을 본 것 같 아서 정말 재미있었다. 그리고 만화책 을 만들어 본 적은 처음인데 너무 좋아

오늘 수업을 통해 뤼튼과 북크리에이 터를 사용해 봐쓴ㄴ데 다른 수업이나 활동에도 쓸수있는 유익한 앱을 알게 되것같다

오늘 북크리에이터를 활용하여 만화 를 만들고, 뤼튼이라는 ai를 통해 여러 사진을 찾아보거나, 이야기 아이디어 를 얻는 등 일상생활에 유익한 것을 알

👍 0   👎   👤 20

Join at menti.com | use code 7992 7103   📊 Mentimeter

만화가 주는 유익한 점은 무 엇인가요?

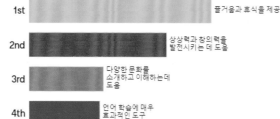

1st   즐거움과 휴식을 제공

2nd   상상력과 창의력을 발전시키는 데 도움

3rd   다양한 문화를 소개하고 이해하는데 도움

4th   언어 학습에 매우 효과적인 도구

이지은 교사

Q — 에듀테크 도구를 수업에 도입한 특별한 이유가 있나요?

A — 에듀테크 도구를 수업에 도입한 데는 두 가지 주요한 이유가 있습니다. 첫 번째 이유는 2022개정 영어과 교육과정에 맞는 수업을 하고 싶어서입니다. 2022 개정 교육과정은 디지털 교수·학습 도구의 사용을 강조하고 있으며, 이를 통해 학생들의 적극적인 참여와 상호 작용, 그리고 동기 부여를 촉진하는 방향으로 구성되어 있습니다. 두 번째 이유는 에듀테크 도구가 다양한 형태의 학습 자료를 제공함으로써 전통적인 교과서 위주의 학습 방식을 효과적으로 보완한다는 점입니다. 온라인 자료와 멀티미디어 콘텐츠 등을 활용함으로써 학생들은 영어를 더욱 다채롭고 흥미로운 방식으로 학습할 수 있게 되고 이는 학생들의 학습 동기를 꾸준히 유발합니다.

Q — 만화책 제작을 위해 북크리에이터를 선택한 배경은 무엇인가요?

A — 북크리에이터를 통한 만화책 제작 프로젝트를 선택한 이유는 영어 교과서의 7단원 내용과의 연계 때문입니다. 이 단원은 만화의 다양한 형태와 그 본질적인 기능에 초점을 맞추고 있습니다. 이러한 교과 내용을 실제 만화책 제작 활동과 결합함으로써, 학생들이 이론을 실천으로 옮길 수 있는 기회를 제공하고자 했습니다. 학생들이 자신들의 이야기를 만화 형식으로 영어로 표현하게 함으로써, 영어 의사소통 능력을 실제적이고 효과적인 방식으로 향상시킬 수 있을 것으로 보았습니다.

Q — 북크리에이터를 활용한 수업의 효과에 대해 말씀해 주실 수 있나요?

A — 북크리에이터를 활용한 수업은 매우 성공적이었습니다. 학생들은 스스로 학습을 주도하였고, 모둠활동을 할 때 평소보다 더 적극적으로 참여했습니다. 특히 학생들

영어

은 모둠활동을 하면서 서로 아이디어를 공유하고, 피드백을 주고받으며 의사소통과 협업 능력을 강화하는 모습을 보였습니다.

Q — 뤼튼을 활용한 영작문 활동의 목적은 무엇이었나요?

A — 주된 목적은 영어 문장 작성에 자신감이 부족한 학생들이 자기 생각과 이야기를 영어로 쉽게 표현할 수 있도록 돕는 것이었습니다. 특히 영어로 표현하는 데 두려움을 가진 학생들이 뤼튼을 사용함으로써 자유롭게 자기 생각을 영어로 표현하는 데 큰 도움을 받았습니다. 이 과정에서 학생들은 기존에 알고 있던 지식을 더욱 정확하게 이해하고, 헷갈리던 문법 구문을 명확히 학습하였습니다. 또한, 학생들은 이 과정에서 자기 생각과 감정을 영어로 표현하는 연습을 하고 학습한 언어적 지식을 내면화하고 적용하는 모습을 보였습니다.

Q — 에듀테크 환경에서 교사의 역할은 어떻게 변화했나요?

A — 에듀테크 환경으로의 전환은 교사의 역할에 상당한 변화를 가져왔습니다. 전통적인 교육 환경에서 교사는 주로 지식을 전달하는 역할에 집중했었지만, 에듀테크 환경에서는 교사의 역할이 학습 촉진자와 안내자로 바뀌었습니다. 이는 교사가 학습 자료를 제공하고, 학생들이 이를 자율적으로 활용하며 학습할 수 있도록 지원하는 형태로 나타납니다. 또한, 에듀테크 환경에서 교사는 학생들이 독립적으로 학습하고 성장할 수 있도록 멘토링하는 역할도 수행하게 됩니다. 이러한 역할 변화를 효과적으로 수행하기 위해서 교사는 다양한 기술적 도구에 대한 지식을 쌓고, 이를 교육과정에 어떻게 통합할 수 있을지 학습해야 합니다.

조서영 학생

Q — 중학교 2학년이 되어 처음 접한 에듀테크 수업에 대한 학생의 처음 반응은 어땠나요?

A — 코로나 19로 인해 원격수업을 해본 적이 있어서 에듀테크 수업이 낯설지 않을 것 같았으나, 중학교 2학년 때 했던 에듀테크 수업은 또 다른 새로움으로 다가왔습니다. 수업 시간에 에듀테크를 사용해 수업하는 것이 기대되기도 하고 호기심이 생기기도 하였습니다. 물론 아무래도 한 번도 해본 적 없는 수업이다 보니 처음엔 모든 것이 낯설고 어렵게 느껴졌습니다.

Q — 2023년에 교실에 전자칠판이 설치되었는데 학생의 입장에서는 어땠나요?

A — 새로운 시설이 교실에 들어오니 궁금하기도 했고 교실에 설치된 전자칠판의 사용 방법을 제대로 숙지하지 않으면 힘들 것 같다고 생각했습니다. 그렇지만 선생님들께서 수업 시간에 전자칠판을 사용하시는 것을 보고, 많은 유용한 기능을 알게 되었습니다. 그리고 학생들이 수업에 집중하는 것도 기존의 컴퓨터와 TV의 연결보다 훨씬 더 유리하다는 것을 깨달았습니다.

Q — 전자칠판 사용이 기존의 TV를 이용한 수업 대비 어떤 장점이 있었나요?

A — TV를 이용한 수업에서는 컴퓨터와 TV를 연결해서 사용해야 하는데, 컴퓨터 문제로 동영상이 제대로 재생되지 않고 속도가 매우 느려지는 등 수업 진행을 늦추고 아예 사용하지 못하는 경우가 종종 있었습니다. 그에 반해 전자칠판은 USB를 연결하여 바로 PPT 등을 실행시켜 수업을 진행할 수 있었고, 중요한 내용엔 주석 기능을 사용하여 밑줄을 치고 첨삭을 하는 등 수업의 질 또한 높아졌습니다.

Q — 영어 시간에 사용한 북크리에이터가 종이책 제작과 비교하여 어떤 이점을 가졌나요?

A — 에듀테크 수업을 가장 많이 진행했던 영어 시간에는 기존에는 사용하지 않았던 북크리에이터라는 도구를 사용하였습니다. 작년까지만 해도 모둠별로 책을 만드는 활동을 할 때는 종이에 직접 그림을 그리고 글을 써서 종이책을 만들었었는데, 북크리에이터를 활용해서 그림이나 이미지를 넣고 글도 타이핑해서 쓸 수 있어 책을 훨씬 더 빠르고 완성도 있게 만들 수 있었습니다. 무엇보다 만화책 만드는 과정이 새로웠고 재미있었습니다.

Q — 에듀테크 수업을 통해 어떤 긍정적인 경험을 했나요?

A — 에듀테크 수업이 처음에는 모두에게 낯설다고 생각합니다. 그러나 많이 접하고 사용하게 되면서 점차 그 낯섦을 벗어나 편리함을 느낄 수 있고, 새로운 것을 시도해 보고 우수한 결과물이 나온다는 점에서 수업에 대한 흥미가 생겼고 만족도 또한 높았습니다.

Q — 에듀테크 수업의 가치와 미래에 대한 학생의 바람은 무엇인가요?

A — 에듀테크 수업은 미래 사회를 이끌어갈 학생들에게 꼭 필요한 수업이라고 생각합니다. 더불어 얻는 것도 많고 충분히 할만한 가치가 있는 수업이라고 생각하며 저는 먼저 접해본 학생 중 한 사람으로서 에듀테크 수업이 점차 더 많은 학생에게 더 많은 분야에서 사용되기를 희망합니다.

영어

학생
수업후기

정소율 학생

저의 부모님은 어릴 적 저와 오빠에게 학원을 가는 것보다 함께 뛰놀고 책 읽는 시간이 더 소중하다고 늘 말씀해 주셨습니다. 하지만 친구들이 영어 단어를 외우고 말로 표현하는 것을 본 뒤로 부모님께 영어학원을 보내달라고 말씀드렸고, 그때서야 영어학원을 다니기 시작했습니다. 당연히 다른 친구들보다 늦게 영어 공부를 시작한 저는 영어 단어 외우기, 문법과 독해까지 친구들보다 훨씬 더 많은 양의 공부를 해야 했습니다. 영어 단어 몇 개만으로도 외국인과 대화를 할 수 있다고 생각했는데, 학원에서 배우는 영어는 저에게 암기만을 강요하는 '공부'와 '시험'으로만 머릿속에 남았고, 즐거운 대화의 수단이 아닌 해야 하는 것으로만 인식되었습니다. 중학교에 와서도 영어는 단어와 문법을 외우고 좋은 성적을 위해 배워야 하는 것이었습니다.

그런 저에게 영어가 새로운 친구로 바뀌게 되었습니다. 의사소통의 수단이 언어로 영어가 느껴졌고, 지금의 제가 한국어를 말하는 것처럼 영어를 말하고 싶어져서 더 열심히 영어를 공부하기 시작했습니다. 바로 북크리에이터를 사용한 '만화책 만들기'를 포함한 여러 에듀테크를 활용한 수업 덕분이었습니다. 읽고 보고 들었던 것을 자신 있게 말하고 쓰고 제시할 수 있게 되면서 습득한 정보를 표현하고 소통할 수 있게 된 것입니다.

처음 에듀테크를 활용하여 수업한다고 들었을 때는 '굳이?'라는 생각을 하였습니다. 초등학교에 입학하고 나서부터 종이로 된 학습지를 받으면 혹시나 잃어버리거나 구겨질까 봐 파일집을 사서 보관하였고, 모둠활동의 과제가 있으면 모둠원과 따로 만나 과제를 마무리하는 게 6년 동안 이어졌습니다. 물론 불편하기도 했지만, 그것에 적응이 되어가고 있었고, 오히려 방식이 바뀐다면 그게 더 불편할 것으로 생각했으므로 '굳이?'라는 생각이 가장 먼저 들었던 것 같습니다. 하지만, '굳이?'는 불편을 느낄 새도 없이 '꼭!'으로 바뀌게 되었습니다. 모둠활동의 과제는 굳이 만나지 않고도 구글 문서나 프레젠테이션을 통해 소통할 수 있으며, 보고서나 발표를 준비할 때는 한 명이 자료 제작을 하지 않고 모두가 참여할 수 있는 환경이 만들어졌습니다.

또한 학교생활 관련 공지사항, 수업 과제, 수업 내용도 클래스룸을 통해 종이가 아닌 온라인으로 받을 수 있어 굳이 파일집을 살 필요가 없었습니다. 그뿐만 아니라, 등교하지 못할 정도로 아픈 날, 가장 걱정되는 것이 '수업을 못 들어서 시험에 영향을 미치지 않을까?'인데, 에듀테크를 활용한 수업 덕분에 구글클래스룸으로 실시간 수업에 참여하거나 수업 영상을 보고 보충할 수 있어서 이런 걱정들을 덜어낼 수 있었습니다. 이렇듯 에듀테크의 많은 장점이 저를 포함한 모든 학생에게 '꼭' 필요한 소통의 수단이 된 것입니다.

특히 에듀테크를 활용하여 수업을 진행했던 영어 시간에는, 각자 외워 온 영어 단어를 재미있는 게임으로 만들어진 테스트를 통해 확인하였고, 자신만의 단어장과 교훈이 담긴 만화책을 만들기도 했습니다. 처음에 에듀테크 공개수업을 한다는 선생님의 말씀을 듣고 어려운 것을 배우는 것이라고 오해를 하였는데, 막상 수업에 참여하고 나니 책 속 장면 표현하기, 내용 작성 등이 재미있었게 집중하여 수업에 참여할 수 있었습니다. 영어로 표현하는 것이었지만 부담되지 않았으며, 오히려 뤼튼을 활용한 번역으로 영어 문장이 더 쉽게 이해되었고, 찾기 힘든 자료도 에듀테크를 통해 찾아볼 수 있어 쉽게 나만의 만화책을 완성할 수 있었습니다. 이런 수업 방법 덕분에 처음 하는 수업에 대한 두려움은 사라졌으며 학생들에게 매력적인 새로운 방법으로 수업을 진행하면 수업의 효과가 올라간다는 것을 알려준 좋은 계기가 되었습니다.

무엇보다 에듀테크를 활용한 만화책 만들기 수업에서 우리 모둠의 제목인 "Don't give up!"의 의미가 우리 학교 학생들, 더불어 많은 사람에게 공유되어 힘이 되었으면 좋겠습니다. 이제 저에게 영어는 어린 시절처럼 신나게 놀면서 알게 된 지식이 되었고, 더 많이 알고 싶은 도전의 목표가 되었습니다. 전국의 많은 학생이 영선중 학생들처럼 AI와 친해져서 더욱 즐겁고, 뜻깊은 수업에 참여했으면 합니다.

자신이 만든 N행시 영상 시집 만들기

에듀테크는 미래역량을 키우는 효과적인 수단

에듀테크를 통한 미래 역량 강화의 필요성

빠르게 변화하는 현대 사회에서는 정보의 폭증과 기술의 발전이 미래에 필요한 역량을 더욱 다양하게 요구하고 있다. 이에 에듀테크는 적응력, 문제해결 능력, 창의성 등 핵심 미래 역량을 키우는 효과적인 수단으로 자리 잡고 있다. 온라인 학습, 인공지능 기반의 맞춤형 교육 등을 통해 학습자는 더 높은 수준의 미래 역량을 개발할 수 있다. 또한, 이러한 혁신적인 교육 방법은 언제 어디서나 접근이 가능하며, 다양한 학습 경험을 제공하여 학습자의 호기심과 열정을 자극한다. 에듀테크를 통한 미래 역량 강화는 개인과 조직의 성공을 위한 필수적인 전략으로 자리매김하고 있다.

학생 참여 촉진 및 흥미 유발

좋은 수업이란 교사와 학생이 재미와 보람을 느낄 수 있는 수업이다. 좋은 수업을 결정하는 데 중요한 역할을 하는 것이 바로 에듀테크 도구의 활용이다. 에듀테크를 활용하면 다양한 학습 자료, 상호작용을 동반하는 활동, 그리고 온라인 플랫폼을 활용하여 수업을 더욱 흥미롭고 유익하게 만들 수 있다. 예를 들어, 온라인 퀴즈, 게임, 미디어 자료를 활용하여 학생들은 새로운 내용을 흥미롭게 이해하고 학습할 수 있다. 이를 통해 수업 참여도가 증가하며, 학생들이 주체적으로 학습하는 경험을 할 수 있다.

맞춤형 학습 경험 제공

에듀테크는 학생들의 학습 스타일과 수준에 맞게 맞춤형 자료를 선택하고 제공하는 데 효과적이다. 온라인 학습 플랫폼에서는 학생들의 강점과 약점을 파악하여 맞춤형 학습 계획을 제공하거나, 자동으로 개인의 학습 경로를 조절할 수 있다. 이는 각 학생이 자신의 속도에 맞게 학습할 수 있도록 도와주며, 학습 성과를 최대화할 수 있다.

실제 상황에서 영어 사용의 경험

영어 수업에서 에듀테크를 활용하면 학생들이 언어 능력을 현실 세계에서 적용할 수 있는 능력을 키울 수 있다. 예를 들어, 온라인 협업 도구를 활용하여 학생들은 팀 프로젝트를 수행하고 의사소통 능력이 향상될 수 있다. 또한, smalltalk.fyi 등의 AI챗봇을 통해 일상에서 마주치는 대화를 연습하여 언어 활용 능력을 높이고, 실생활에서의 상황에 대비할 수 있도록 도움을 준다.

시집 만들기

생 로그인->

library 입장하기

ENGLISH
ENGLISH
CLASS

영
어

플립(Flip)

플립(Flip)은 교육 및 학습 환경에서 사용되는 동영상 기반의 학습 플랫폼 중 하나이다. 원래 이름은 플립그리드(Flipgrid)였으나 마이크로소프트가 인수하면서 이름이 플립으로 바뀌었다. 이 플랫폼은 학생들이 동영상을 통해 아이디어를 공유하고 학습 경험을 나눌 수 있도록 상호작용이 가능한 학습 환경을 제공한다.

최근 틱톡이나 쇼츠와 같은 영상이 인기를 얻고 있어서 학생들이 스스로 만든 동영상을 학습과 연결한다면 동기를 부여하는 데 도움을 줄 수 있다. 이처럼 플립은 요즘 유행하는 틱톡이나 쇼츠와 비슷하다. 다른 점은 학급의 구성원만 영상을 올리고 볼 수 있다. 즉, 학급 내 틱톡이나 쇼츠라고 할 수 있다.

플립의 장점은 다음과 같다.

첫째, 학생들은 업로드된 영상에 댓글을 주고받으며 피드백을 제공할 수 있다. 이는 학생 간 협업과 피드백 문화를 촉진하는 데 도움이 된다.

둘째, 학습 참여도를 높일 수 있다. 발표를 어려워하는 학생들도 동영상을 통해 자신만의 의사를 표현할 수 있다. 부끄러움이 많은 학생들은 얼굴을 가리는 필터를 적용하거나, 자기표현을 좋아하는 학생들은 재미있는 배경과 배경음악을 활용하며, 창의성 있는 학생들은 참신한 방법으로 화면을 구성하기도 한다.

셋째, 개별 학생의 학습과 성장을 지원할 수 있다. 업로드된 영상들은 모두 다운로드 및 공유가 가능하여 개개인의 영상을 보며 학습 과정과 상태를 파악한 후 필요한 피드백을 제공할 수 있다. 학생 입장에서 보면 자신의 의견, 생각, 질문을 동영상으로 나타내어 제출함으로써 자신만의 개성 있는 학습 경험을 형성할 수 있다. 마지막으로, 언어 및 의사소통 기술을 강화할 수 있다. 학생들은 동영상을 녹화하고 편집하는 과정에서 자신의 언어 능력 및 의사소통 기술을 향상시킬 수 있다. 어떤 주제에 대해 자신의 의견을 동영상으로 제시해야 하므로 보완된 영상을 만들기 위해 많은 연습을 통해 하나의 결과물을 제출하게 된다. 이 과정에서 언어의 정교성이 높아지며 이러한 점으로 제2외국어의 학습에 큰 도움을 준다.

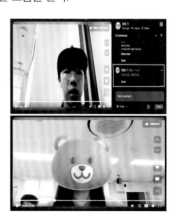

드로잉젤

드로잉젤은 인공지능 글쓰기 서비스인 '라이팅젤'에 포함된 서비스로, 요구하는 이미지를 만들어주는 인공지능 그림 제작 서비스이다. 회화 종류(모더니즘, 추상화, 입체주의, 팝아트, 인상파, 낭만주의, 일러스트), 회화 재료(수채화, 유화, 크레파스, 아크릴 물감, 파스텔, 에나멜 물감), 그림 크기를 선택하고 원하는 이미지의 키워드를 입력하면 조건에 맞는 이미지가 나온다. N행시 시집을 제작할 때 다양한 이미지를 찾을 수 있도록 드로잉젤을 제시하였는데, 구글(Google)에서 검색된 이미지들과 달리 독특해서 생각보다 학생들의 활용도가 높았다.

북크리에이터

북크리에이터(BOOK CREATOR)는 PC나 스마트 기기에서 사용할 수 있는 디지털 책 제작 도구이다. 무료계정의 경우 1개의 라이브러리에 40명의 학생(40권의 책)만 참여가 가능하다. 다양한 템플릿과 레이아웃을 제공하고 텍스트, 이미지, 비디오, 오디오 등의 다양한 미디어를 사용하여 책을 만들 수 있고, 결과물을 웹사이트나 PDF 파일로 저장 및 공유가 가능하다.

북크리에이터의 장점으로 첫째, 그림을 싫어하는 학생들도 적극적인 참여가 가능하다는 점이다. 그림을 어려워하는 학생들은 GIF, 이모티콘, 이미지 검색을 통해서 자신이 표현하고자 하는 책을 제작할 수 있다. 또한 그림을 좋아하는 학생들은 직접 그림을 그릴 수도 있기 때문에 두 유형을 모두 만족시킬 수 있다. 둘째, 듣기, 읽기, 쓰기, 말하기라는 4가지 스킬이 한 번에 통합된 학습을 가능하게 해준다. 쓰기와 말하기는 N행시 시집을 제작하면서 결합할 수 있고, 읽기와 듣기는 다른 친구들의 시집을 읽고 들어보면서 가능하다.

**공개
수업
지도안**
—
허명주 교사

주제	자신이 만든 N행시 영상 시집 만들기		
과목	영어	출판사	천재교육(이재영)
학년	3학년	단원/차시	Lesson 5. Are You Into Books?/2차시
성취기준	[9영02-02] 일상생활에 관한 자신의 의견이나 감정을 표현할 수 있다. [9영04-05] 자신이나 주변 사람, 일상생활에 관해 짧고 간단한 글을 쓸 수 있다.		
교수학습 활동 유형	☐ 개념설명형(지식전달) ☐ 의사결정형(토의토론) ■ 문제해결형(탐구, 프로젝트) ■ 직·간접체험형(실험, 실기) ■ 놀이활동형		
형성평가 활동 유형	☐ 의사소통형(협업, 의견수렴 등) ☐ 학습확인형(퀴즈 등) ■ 포트폴리오형(프로젝트 등) ■ 실험실습형(실기 포함)		
활용도구	■ 구글 클래스룸(https://classroom.google.com/) ■ 구글 드라이브(https://drive.google.com/) ■ 북크리에이터(https://app.bookcreator.com/libraries) ■ Flip(https://info.flip.com/en-us.html) ■ 라이팅젤(https://www.tinytingel.ai/) ■ 패들렛(https://padlet.com/20teacher1/3-2-n-a2hyqe4z23kmtojb)		
활용 콘텐츠	자신이 촬영한 영상, 검색 이미지		
온·오프 연계 형태	■ 온라인으로 수업을 지속하는 경우(온라인→온라인) ■ 온라인 수업 후 학생이 등교하는 경우(온라인→오프라인) ■ 등교수업 후 온라인 수업을 하는 경우(오프라인→온라인) ■ 오프라인으로 수업을 지속하는 경우(오프라인→오프라인)		
기기환경	☐ 교사 1기기(학생 기기 미활용) ☐ 모둠형 기기(학생 모둠별 1기기) ■ 학생 개인별 기기(학생 1인당 1기기) : 크롬북 ☐ 기타		

단계	수업 내용
<1차시> 수업 안내	▶ 수업 내용 - 다양한 영시를 소리 내어 읽고 느낀 점을 말할 수 있다. - 다양한 소재를 참고하여 자신만의 N행시를 쓸 수 있다. - Flip(플립)을 활용하여 N행시를 소개하는 영상을 제작할 수 있다. ▶ 1차시 수업 주의 사항 - 학생들이 영시에 대한 기본적인 구성요소를 정확하게 이해하고 사용할 수 있도록 안내하고, 자신만의 N행시를 쓸 때 이를 활용할 수 있도록 돕는다. N행시 작성할 때, 작문에 곤란함을 겪는다면 다양한 AI 검색엔진을 활용하도록 지도한다. 영상 제작에 대한 기본 틀을 안내하고 교사의 모델링을 제시한다.
도입	▶ 학습 목표 안내 - 다양한 영시를 소리 내어 읽고 느낀 점을 말할 수 있다. - 다양한 소재를 참고하여 자신만의 N행시를 쓸 수 있다. - Flip(플립)을 활용하여 N행시를 소개하는 영상을 제작할 수 있다. ▶ 영시 감상을 통한 흥미 유발 - Sherman Alexie의 The Facebook Sonnet 시는 SNS에서 타인에게 보여지는 이미지를 중시하고, 현재를 살아가고 있음에도 과거에 매몰되어 있는 SNS를 사용하는 현대인들에 대한 부정적이고 냉소적인 태도를 보여주는 영시이다. 시의 화제가 학생들에게 친숙한 SNS라서 영시에 대한 부담 없이 접근하도록 도와줄 수 있다고 생각하여 선택했다. 영시를 보며 기본적인 구성요소들(Enjambment, Rhyme scheme, Assonance 등)을 이해하도록 지도한다. 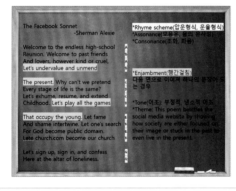 영시(The Facebook Sonnet by Sherman Alexie) 소개 및 구성요소 지도
전개 (N행시 작성 및 영상 제작)	▶ N행시 쓰기 - 시작하기 앞서 교사의 N행시를 모델링으로 제시한다. 교과서 p107에 주어진 소재(animal, food, dream, sport) 혹은 다른 소재를 활용하여 자신만의 N행시를 만들도록 한다. 작문에 곤란함을 느낄 때, 다양한 AI 검색엔진(뤼튼AI, 챗GPT, 라이팅젤 등)을 활용하도록 지도한다. ▶ N행시 영상 제작하기 플립(https://info.flip.com/en-us.html)에 대해 간단히 소개하고 플립을 활용한 영상제작 방법을 설명한다. 그리고 교사가 플립으로 만든 영상을 공유하고 결과물에 필요한 요소를 제시한다. 학생들은 자유롭게 영상을 제작하여 플립의 해당 토픽 폴더에 영상을 올린다.

플립 소개

플립으로 영상제작 방법 설명

영상 필수내용 및 모델링 제시

전개
(N행시 작성
및 영상 제작)

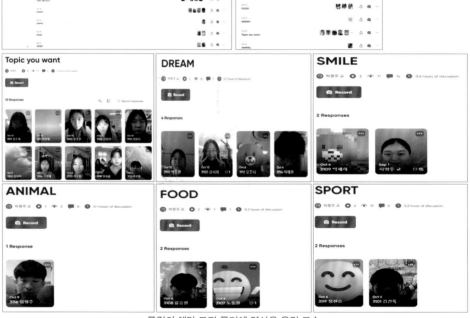

플립의 해당 토픽 폴더에 영상을 올린 모습

정리

▶ N행시 영상 제작 마무리

- N행시 영상을 완성하지 못한 학생들은 2차시 전까지 업로드 하도록 안내하고 사용한 크롬북을 정리하도록 한다.

<2차시> **수업 안내**	▶ 수업 내용 - 북크리에이터를 활용하여 자신만의 N행시를 시집으로 완성한다. - 자신의 시를 낭송하고 시집을 소개할 수 있다. - 교사 및 동료 피드백을 통해 결과물에 대한 정교성을 높일 수 있다. ▶ 2차시 수업 주의 사항 - Flip(플립)으로 제작한 영상을 다운로드 받을 수 있도록 구글 클래스룸에 미리 업로드 해둔다. 동료 피드백을 제공할 때 피드백 조건(내용, 말하기, 디자인)을 제시하고, 피드백은 최소 3개 이상 제공하도록 안내한다.
도입	▶ 학습 목표 안내 - 북크리에이터를 활용하여 자신만의 N행시를 시집으로 완성한다. - 자신의 시를 낭송하고 시집을 소개할 수 있다. ▶ 영상 다운로드를 위한 구글 클래스룸-구글 드라이브 접속 - 학생들은 구글 클래스룸-구글 드라이브에 업로드된 N행시 영상 파일을 다운로드 후 북크리에이터에 옮긴다. 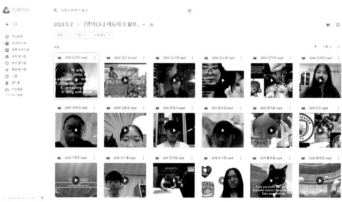 구글 드라이브에 미리 업로드한 영상 파일
전개 **(제작 및 발표)**	▶ 북크리에이터 사용법 안내 - 초대 코드를 공유하여 북크리에이터에 접속하도록 안내한다. 시집을 꾸미기 위해 필요한 사용법 (텍스트 입력, 꾸미기, 사진 및 배경 삽입 등)을 간단히 안내한다.  북크리에이터 사용법 안내

▶ 북크리에이터 활용한 시집 만들기

북크리에이터를 활용하여 자신만의 N행시 시집을 만든다. 이에 앞서 교사와 동료학생의 모델링을 보여준다. 시집 만들기는 정해진 틀이 없으므로 자신의 창의성과 디자인 실력을 발휘하여 자유롭게 꾸며도 된다는 점을 알려준다. 단, 시집에 영상 삽입과 N행시를 적는 틀은 유지하도록 한다. 다양한 이미지를 활용할 수 있도록 라이팅젤-드로잉젤 사이트를 추천한다.

북크리에이터 시집 모델링 제시

전개
(제작 및 발표)

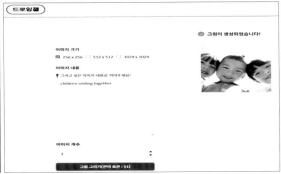

라이팅젤-드로잉젤 사용 시범 안내

▶ 시 낭송회

- N행시를 낭송하며 자신이 꾸민 시집을 소개하는 시간을 가진다.

▶ 피드백 제공

- 피드백에 들어가야 할 3가지 요소를 알려준다. 첫째, 내용(Content) 요소로, 독자의 마음을 사로 잡는 독창적인 내용의 시를 적었는가? 토픽과 시의 내용이 일관성 있게 연관이 되는가? 영상에서 '인사-선택한 토픽-N행시-감사 인사'라는 내용 구성으로 되어 있는가?를 살펴본다. 둘째, 말하기(Speaking) 요소로, 청중이 잘 들을 수 있게 크고 명확한 목소리로 발표했는가? 대본을 최대한 보지 않고 자신감 있게 발표했는가? 영어를 자연스럽고 유창하게 구사하는가?를 살펴본다. 셋째, 시집 디자인(Book Design)으로, N행시와 관련된 내용의 디자인으로 정성을 다하여 꾸몄는지 확인한다.

- 교사가 북크리에이터의 댓글 형태로 제시한 피드백을 제공한다. 앞서 언급한 피드백의 3가지 요소를 포함하여 최소 3명 이상의 동료의 시집에 대한 구체적 피드백을 제공할 수 있도록 격려한다.

전개 (제작 및 발표)	
	피드백 요소
	북크리에이터 피드백

▶ 학습일지 작성하기(자기평가)

- 패들렛에 접속하여 N행시집 제작활동에 대한 자기평가 및 느낀 점을 작성하도록 한다. 자기평가에는 교사 및 동료 피드백을 바탕으로 어떻게 더 개선할 수 있을지 성찰의 시간을 가지도록 한다. 또한 본인의 시집에 대해 자기평가를 해보고, 이번 활동을 통해 느낀 점과 배운 점, 에듀테크 활용한 수업에 대해 좋았던 점이나 어려웠던 점 등을 자유롭게 작성하도록 한다.

정리

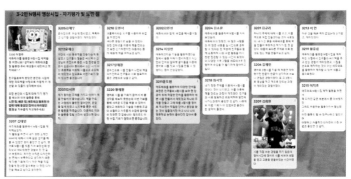

패들렛을 활용한 자기평가

학생
결과물

Q | 플립(Flip)으로 본인의 시집을 낭송하는 영상 업로드

Q | 북크리에이터로 본인의 시집 제작

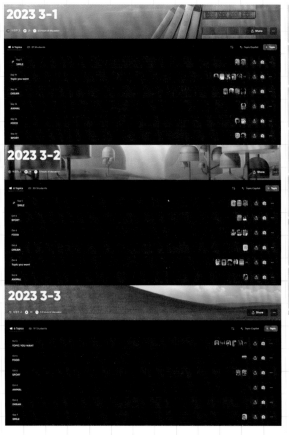

🔍 | 시집 조별 발표 및 피드백 제공

🔍 | 조원들에게 추천받은 시집 나와서 발표

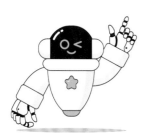

Interview

학생 인터뷰

Q — 북크리에이터로 N행시집을 만들 때 어떤 느낌이었나요?

황유림 — 2차시에 걸쳐 N행시집 만들기 활동을 했는데 인터넷으로 책을 만든다는 활동 자체가 흥미롭고 신박한 활동이었어요. 또한 친구들끼리 자기가 만든 시를 공유하고 서로 이야기하며 그에 대한 피드백까지 주고받으며 주제에 대해 이야기 할 수 있는 시간이어서 보람찬 경험이 된 것 같습니다. 다음에 이런 기회가 있으면 꼭 한 번 더 해 보고 싶습니다.

김소윤 — N행시를 짓고 이를 영상으로 찍은 후 나만의 시집을 만드는 활동을 하게 되었는데, 굉장히 색다르고 재미있는 경험이 되었습니다. 그저 시를 쓰고 낭송하는 것보다 2차시에 걸쳐 직접 디자인을 하고 시집까지 만들어 보니 더 인상 깊은 것 같습니다. 친구들과 소통할 수 있어서 좋았고, 같은 모둠의 친구들뿐만 아니라 전체 3-2 친구들 모두하고 이야기하는 시간이 되어서 인상 깊은 시간이었다고 생각합니다.

김규리 — N행시를 지으며 내가 시를 지어서 사람들에게 내가 전하고 싶은 바를 잘 전달할 수 있어서 좋았고, 내가 직접 시집을 꾸미고 원하는 사진도 넣어 나만의 책을 만든다는 것이 신기했습니다. 시집을 만들며 어떻게 디자인을 하고 발표를 어떤 식으로 하고 어떤 내용을 쓸지 많이 생각해봐서 좋았습니다.

김채민 — 북크리에이터를 이용해서 시집을 만들어 본 것이 이번이 처음인데, 매우 유용하게 사용할 수 있었습니다. 또한 시집을 만들면서 직접 찍은 영상을 넣어 시집을 더욱 풍부하게 만들 수 있었던 것 같습니다. 이번 활동을 통해 영어와 조금 더 재미있게 가까워질 수 있는 뜻깊은 활동이었습니다.

Q ― 영어로 시를 적을 때 어려움은 없었나요?

김태인 ― 직접 영어로 시를 적어 보니 한글로 시를 쓸 때와는 또 다른 느낌이 있었고 단어 선택과 문장을 쓰는 데 있어서 어려움이 있었지만 그래도 노력해서 시를 다 적고 낭송하고 발표도 하고 책도 만들어 보니까 굉장히 뿌듯하다는 느낌이 들었고 피드백을 들어보니 '나의 노력은 헛되지 않았구나.'라는 생각이 들어서 기분이 좋았고 이런 시를 모아서 진짜 책을 만들어 보고 싶어졌습니다.

윤재승 ― 영어로 N행시를 만드는 게 처음엔 막막했지만 친구들의 질 좋은 피드백과 선생님의 조언으로 좋은 시집 한편을 만들 수 있었다고 생각합니다. 하나하나 생각하며 쓰니 저에게 도움이 되었던 것 같습니다. 살면서 영어로 N행시를 짓는 경험은 없을 것 같은데 뜻깊은 시간이었던 것 같습니다. 제가 쓴 N행시로 영상을 만들고 책까지 만들어서 더 기억에 남을 것 같습니다. 또한 저만의 시와 동화책을 만든다는 것이 뜻깊었고 종이에 쓰는 시가 아닌 크롬북을 이용해 시를 쓰고 공유해 더 재밌었고 앞으로도 이런 기회가 많이 있으면 좋겠습니다.

Q ― N행시집 만들기 활동에서 가장 인상 깊었던 점이 있나요?

윤도현 ― 각자 원하는 개별 주제의 알파벳을 이용해 영어로 N행시를 지을 수 있던 활동이 인상 깊었던 것 같고 단어의 첫 글자를 원하는 뜻과 통일시켜야 했기에 평소 알고 있던 한 가지 뜻의 단어 이외에 생소한 단어들을 접해보는 과정을 통해서 하나의 성질을 표현할 때도 한글의 다의어, 유의어처럼 여러 단어가 쓰일 수 있음을 다시 느끼게 된 것 같아 의미 있는 시간이 되었다고 생각합니다.

영어

EDUTECH
INFORMATION
CLASS

코스웨어(스프레드시트)와 함께하는 프로그래밍

교육자와 학습자 모두에게
새로운 가능성을 열어주는 에듀테크

디지털 기술과 교육 환경의 변화

디지털 기술의 빠른 발전은 현대 교육 환경에 근본적인 변화를 가져왔다. 이러한 변화는 학생들이 정보화 사회에 적응하고, 기술 문맹을 극복하는 데 중요한 역할을 한다. 디지털 도구와 인터넷의 접근성 증가는 교육의 장벽을 낮추고, 다양한 배경을 가진 학습자들에게 균등한 학습 기회를 제공한다. 이는 교육의 민주화를 촉진하고, 학습자들이 글로벌 정보 사회의 일원으로 성장하는 데 필수적이다.

에듀테크: 교육과 기술의 융합

에듀테크, 즉 교육 기술의 통합은 이러한 변화의 핵심 요소이다. 디지털 학습 도구와 온라인 리소스의 통합은 교육의 효율성을 크게 향상시키고 있다. 학습자 개별 맞춤형 교육은 각 학생의 학습 스타일과 속도에 맞게 조정될 수 있으며, 이는 학습 결과의 개선으로 이어진다. 또한, 협력적 학습 환경은 학생들이 서로 의견을 나누고 협력하며 학습하는 과정을 가능하게 한다.

컴퓨팅 사고력 교육의 중대한 역할

프로그래밍 교육의 중요성 역시 이러한 변화의 일부이다. 컴퓨팅 사고력은 학생들이 복잡한 문제를 해결하고, 논리적이고 체계적인 방식으로 사고하는 능력을 개발하는 데 도움을 준다. 프로그래밍은 미래 직업 세계에서 필수적인 기술로 부상하고 있으며, 이를 통해 학생들은 창의성, 논리적 사고력, 그리고 협업 능력을 강화할 수 있다.

에듀테크와 프로그래밍의 실제 효과

다양한 학교와 교육 기관에서 시행된 혁신적인 교육 프로그램은 학생들의 성취도 향상과 학습에 대한 동기 부여에 긍정적인 영향을 미치고 있다. 이러한 사례들은 에듀테크와 프로그래밍 교육이 현대 교육 환경에서 중요한 역할을 하고 있음을 보여주며, 교육자와 학습자 모두에게 새로운 가능성을 열어주고 있다.

정보

활용 에듀테크 도구

구글 워크스페이스

학생들이 구글 워크스페이스를 사용하여 협업하는 과정은 교육의 디지털 전환에 있어 중요한 단계이다. 구글 문서, 스프레드시트, 슬라이드 등의 도구들은 학생들이 실시간으로 정보를 공유하고, 공동으로 작업을 수행할 수 있는 환경을 제공한다. 이러한 도구들은 학생들이 아이디어를 자유롭게 표현하고, 서로의 작업에 즉시 피드백을 제공할 수 있게 함으로써 창의적이고 협력적인 학습 경험을 가능하게 한다.

구글 워크스페이스를 통한 협업은 학생들에게 팀워크와 의사소통 능력을 발달시키는 기회를 제공한다. 프로젝트 관리에 있어 중요한 요소인 역할 분담과 책임감을 학습하게 되며, 다양한 배경과 생각을 가진 팀원들과의 협력을 통해 상호 존중과 이해의 가치를 배운다. 또한, 문서 작성과 슬라이드 제작 과정에서는 정보의 구조화와 시작화 능력이 향상된다..

학생들은 구글 워크스페이스 내의 채팅과 댓글 기능을 통해 서로의 의견을 교환하며, 이는 프로젝트의 방향을 더욱 명확히 하고, 의사 결정 과정을 효율적으로 만든다. 이 과정에서 학생들은 비판적 사고력과 문제 해결 능력을 개발하게 되며, 이는 교육적 성장뿐만 아니라, 미래 사회에서 필요한 중요한 기술들이다.

구글 워크스페이스의 협업 도구들은 학생들이 학교 밖에서도 함께 작업을 계속할 수 있게 함으로써, 학습의 유연성과 접근성을 크게 향상시킨다. 이러한 디지털 협업 환경은 학생들에게 미래 직업 세계에서 중요한 디지털 역량과 자기 주도적 학습 능력을 갖추는 데 도움을 준다. 구글 워크스페이스를 활용한 협업은 따라서 현대 교육의 필수적인 부분이다.

스프레드시트

스프레드시트를 활용한 스크래치 프로그래밍 코스웨어는 학생들이 프로그래밍 개념을 자기 주도적으로 학습하고 실습할 수 있는 혁신적인 교육 도구이다. 스프레드시트의 다양한 기능을 활용하여 학습 내용을 조직하고, 학생들의 학습 진도와 수행도를 효율적으로 관리한다. 구글 클래스룸을 통해 배포된 스프레드시트 파일에는 각 단원의 과제가 명시되어 있으며, 학생들은 이를 통해 학습 목표를 명확히 이해하고, 과제를 수행한다.

스프레드시트의 자동 채점 기능은 학생들에게 즉각적인 피드백을 제공한다. 이를 통해 학생들은 자신의 학습 성과를 실시간으로 확인하고, 필요한 부분을 즉시 개선할 수 있다. 자기 평가 기능은 학생들이 스스로 학습 과정을 점검하고, 이해도를 높이는 데 도움을 준다. 또한, 학생들은 스크래치를 사용하여 프로그래밍 기초를 실습함으로써 프로그램 작성과 실행의 원리를 직접 체험한다.

개발된 코스웨어는 프로그래밍 언어의 개념, 개발 환경, 입력 및 출력 장치의 이해 등 프로그래밍의 주요 개념들을 포함한다. 학생들은 스크래치의 무대, 블록팔레트, 스크립트 영역, 스프라이트 등의 개념을 배우고, 이를 직접 실습한다. 이 과정에서 학생들은 프로그래밍의 기본적인 구조를 이해하고, 창의적인 사고력을 발휘하여 문제를 해결한다.

스프레드시트를 기반으로 한 코스웨어는 학생들이 스크래치 프로그래밍을 통해 컴퓨팅 사고력을 개발하도록 돕는다. 추가적으로 제시되는 비버 챌린지 문항들은 학생들이 정보 과학에 대한 다양한 생각을 가지고 지속적으로 학습할 수 있도록 한다. 이러한 접근은 학생들에게 능동적이고 자기 주도적인 학습 경험을 제공하며, 현대 교육 환경에서의 디지털 기술 활용 능력을 향상시킨다.

공개 수업 지도안 — 허명주 교사	

주제	코스웨어(스프레드시트)와 함께하는 프로그래밍		
과목	정보	출판사	삼양미디어
학년	1학년	단원/차시	3단원 프로그래밍/ 1차시
성취기준	[9정04-01] 사용할 프로그래밍 언어의 개발 환경을 특성을 이해한다. [9정04-02] 다양한 형태의 자료를 입력받아 처리하고 출력하기 위한 프로그램을 작성한다.		
교수학습 활동 유형	■ 개념설명형(지식전달) □ 의사결정형(토의토론) ■ 문제해결형(탐구, 프로젝트) ■ 직·간접체험형(실험, 실기) □ 놀이활동형		
형성평가 활동 유형	■ 의사소통형(협업, 의견수렴 등) ■ 학습확인형(퀴즈 등) ■ 포트폴리오형(프로젝트 등) ■ 실험실습형(실기 포함)		
활용도구	구글 클래스룸, 스프레드시트, 구글 드라이브		
활용 콘텐츠	영상, 이미지		
온·오프 연계 형태	■ 온라인으로 수업을 지속하는 경우(온라인→온라인) ■ 온라인 수업 후 학생이 등교하는 경우(온라인→오프라인) ■ 등교수업 후 온라인 수업을 하는 경우(오프라인→온라인) ■ 오프라인으로 수업을 지속하는 경우(오프라인→오프라인)		
기기환경	□ 교사 1기기(학생 기기 미활용) □ 모둠형 기기(학생 모둠별 1기기) ■ 학생 개인별 기기(학생 1인당 1기기) □ 기타		

단계	수업 내용

<1차시>
수업 안내

▶ 수업 내용
- 프로그램과 프로그래밍 개념을 설명할 수 있다.
- 사용할 프로그래밍 언어의 개발 환경과 특성을 이해하여 설명할 수 있다.
- 다양한 형태의 자료를 입력 장치를 통해 입력받을 수 있다.

▶ 1차시 수업 주의 사항
- 학생들이 구글 계정과 구글 클래스룸을 정확하게 이해하고 사용할 수 있도록 도와야 하며, 스프레드시트를 활용하여 응용소프트웨어 사용 방법을 함께 배운다. 또한, 기초 프로그래밍 과정에서는 단순히 실습을 따라 하는 것이 아니라, 학생들이 사고력을 발휘하여 문제를 해결할 수 있도록 교육한다.

도입

▶ 수업을 위한 클래스룸 과제 확인 및 스크래치 사이트 접속
- 학습 목표 안내
- 학생들은 구글 클래스룸에서 배포된 스프레드시트 파일을 열어 각 단원의 과제 내용을 확인한다. 과제는 수행도에 따라 자동으로 채점되며, 이 점을 학생들에게 인식시킨다. 그리고 학생들이 스스로 문제를 해결할 수 있도록 유도한다. 또한, 학생들이 이해하지 못하는 부분은 직접 실습을 통해 이해할 수 있도록 안내한다.

과정	구분	합계	수행도
3_4	스크래치개발환경	0	
3_5	입력과출력	0	
3_6	변수와 연산	0	
3_7	제어구조	0	
3_8	다양한프로젝트_동작	0	

스프레드시트 자동 채점

전개1
(학습확인)

▶ 프로그램에 대한 용어정리
- 교과서와의 내용을 통해 명령어의 집합(프로그램), 프로그램을 작성하는 과정(프로그래밍), 컴퓨터가 이해할 수 있는 언어를 사용(프로그래밍언어), 프로그래밍 언어를 만드는 사람(프로그래머)에 대한 용어 정리를 교사의 설명과 함께 학생스스로 작성할 수 있도록 한다.

* 노란색 부분을 작성해 주세요
1. 프로그램과 프로그래밍 언어를 알아볼까?

번호	용어	내용
1	▼	명령어의 집합
2	▼	프로그램을 작성하는과정
3	▼	컴퓨터가 이해할 수 있는 언어를 사용
4	▼	프로그래밍 언어를 만드는 사람

프로그램 용어 정리

▶ 프로그래밍 개발 환경
- 스크래치 개발환경을 통해 프로그램을 개발하기 위한 용어를 정리한다. 작성한 프로그램이 실행되는 공간(무대), 프로그램을 작성할 때 사용하는 명령어들이 블록으로 구성(블록팔레트), 원하는 명령어 끌어와 퍼즐처럼 끼워 맞춰서 프로그램을 작성하는 곳(스크립트 영역), 프로그램의 대상이 되는 객체(스프라이트)에 학생들이 직접 실습을 통해 이해하도록 한다.

정
보

스크래치 화면구성

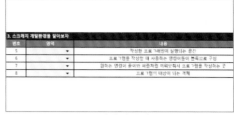

스크래치 개발 환경

전개1
(학습확인)

▶ 좌표의 이해
- 무대구성에서 X,Y좌표 이해를 통해 화면의 이동에 대한 설명을 통해 학생들이 작성한다.

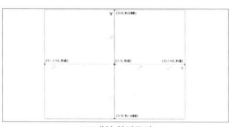

스크래치 화면구성

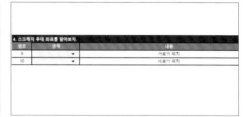

스크래치 개발 환경

▶ 프로그래밍에서 입력과 출력이해하기
- 컴퓨터는 입력장치를 통해 입력된 자료를 정해진 순서에 따라 처리되며, 처린된 결과는 출력장치를 통해 사용자에게 전달된다는 내용을 설명한다. 이때 4단원과 연계된 각 장치에 대한 내용을 설명한다.

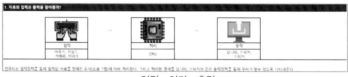

입력 - 처리 - 출력

전개2
(실험실습)

▶ 입력, 처리 명령어 이해하기
- 블록팔레트에서 입력 장치(마우스, 키보드)를 통해 입력이 가능한 명령어에 대해서 살펴보고 출력(모니터, 스피커)이 가능한 명령어에 대해서 살펴본다. 학생들이 먼저 사고를 통해 문제를 해결할 수 있도록 하고 확인이 되지 않는 문항에 대해서는 직접 실습을 통해 출력결과를 확인하도록 한다.

명령어

▶ 평가문항 풀기

- 평가 문항을 통해 학생들이 입력, 처리, 출력을 이해했는지 평가하고 화면을 캡처하여 입력하는 방법에 대해 설명한다. 이과정에서 학생들은 직접 실습을 통해 과제를 진행하고 스스로 결과를 체크확인한다.

<평가 문제> A키를 눌렀을 때 앞으로 이동하며, 야옹 말하기					
스프라이드	스프라이트명	명령어 블록		의사코드	결과
스프라이트 1	스프라이트			A키 눌렀을 때 앞으로 이동 야옹말하기	☐

평가문항

정리
(학습확인)

▶ 자기 평가하기

- 도입 수업에 설명한 자동 채점을 학생들이 스스로 확인하여 자신의 과제를 평가한다. 또한 문항에 수행도가 100프로가 되지 않을 경우 문항에 대해서 다시 확인하게 한다.

과정	구분	합계	수행도
3_4	스크래치개발환경	0	
3_5	입력과출력	0	
3_6	변수와 연산	0	
3_7	제어구조	0	
3_8	다양한프로젝트_동작	0	

스프레드시트 자동 채점

▶ 수행과제 추가 제시

- 과제를 전부 수행한 학생들에게 추가적으로 비버 챌린지 문항(컴퓨팅 사고력)을 제시하여 학생들이 지속적으로 정보과학에 대한 다양한 생각을 가질 수 있도록 한다.

학생 결과물

Q | 스크래치 개발 환경 단원

	A	B	C
1	**3_4. 스크래치 개발환경**		
2			
3	성취 기준 [9정04-01] 사용할 프로그래밍 언어의 개발 환경 및 특성을 이해한다.		
4	*** 노란색 부분을 작성해 주세요**		
5	**1. 프로그램과 프로그래밍 언어를 알아볼까?**		
6	번호	용어	내용
7	1	프로그램 ▼	명령어의 집합
8	2	프로그래밍 ▼	프로그램을 작성하는과정
9	3	프로그래밍언어 ▼	컴퓨터가 이해할 수 있는 언어를 사용
10	4	프로그래머 ▼	프로그래밍 언어로 프로그램을 만드는 사람
11			
12	**2. 스크래치 사이트 접속하기**		
13	번호	구분	내용
14	*	스크래치 사이트	https://scratch.mit.edu/
15	*	만들기 클릭	사이트 접속 후 만들기 클릭
16			
17	**3. 스크래치 개발환경을 알아보자**		
18	번호	영역	내용
19	5	무대 ▼	작성한 프로그래밍이 실행되는 공간
20	6	블록팔레트 ▼	프로그램을 작성할 때 사용하는 명령어들이 블록으로 구성
21	7	스크립트영역 ▼	원하는 명령어 끌어와 퍼즐처럼 끼워맞춰서 프로그램을 작성하는 곳
22	8	스프라이트 ▼	프로그램의 대상이 되는 객체
23			
24			

	A	B	C
1	**3_4. 스크래치 개발환경**		
2			
3	성취 기준 [9정04-01] 사용할 프로그래밍 언어의 개발 환경 및 특성을 이해한다.		
4	* 노란색 부분을 작성해 주세요		
5	**1. 프로그램과 프로그래밍 언어를 알아볼까?**		
6	번호	용어	내용
7	1	프로그램 ▾	명령어의 집합
8	2	프로그래밍 ▾	프로그램을 작성하는과정
9	3	프로그래밍언어 ▾	컴퓨터가 이해할 수 있는 언어를 사용
10	4	프로그래머 ▾	프로그래밍 언어로 프로그램을 만드는 사람
11			
12	**2. 스크래치 사이트 접속하기**		
13	번호	구분	내용
14	*	스크래치 사이트	https://scratch.mit.edu/
15	*	만들기 클릭	사이트 접속 후 만들기 클릭
16			
17	**3. 스크래치 개발환경을 알아보자**		
18	번호	영역	내용
19	5	무대 ▾	작성한 프로그래밍이 실행되는 공간
20	6	블록팔레트 ▾	프로그램을 작성할 때 사용하는 명령어들이 블록으로 구성
21	7	스크립트영역 ▾	원하는 명령어 끌어와 퍼즐처럼 끼워맞춰서 프로그램을 작성하는 곳
22	8	스프라이트 ▾	프로그램의 대상이 되는 객체

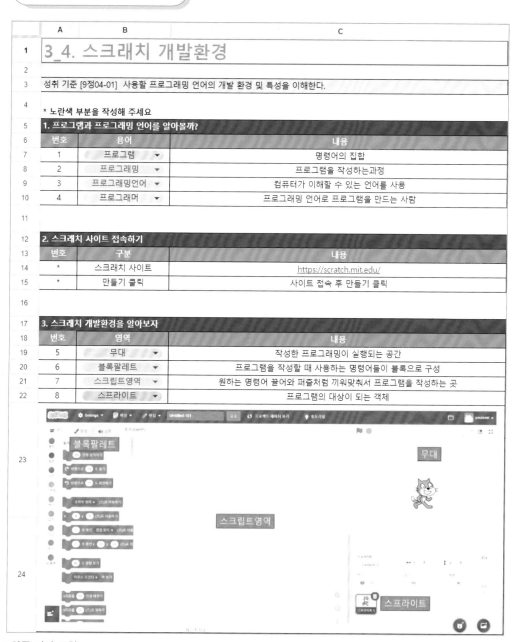

* 최종 평가 문항

42	<평가 문제> A키를 눌렀을 때 앞으로 이동하며, 야옹 말하기				
43	스프라이트	스프라이트명	명령어 블록	의사코드	결과
44	스프라이트 1	스프라이트	A키를 눌렀을 때 / 10 만큼 움직이기 / 야옹 말하기	A키 눌렀을 때 앞으로 이동 야옹말하기	☑

변수와 연산 단원

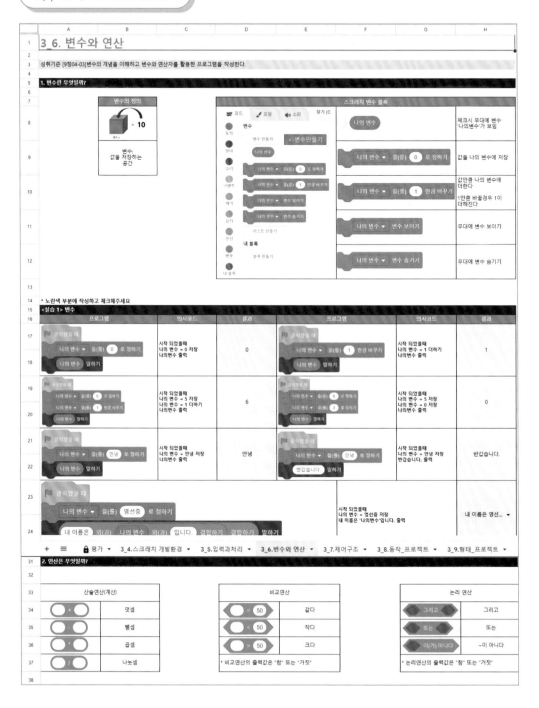

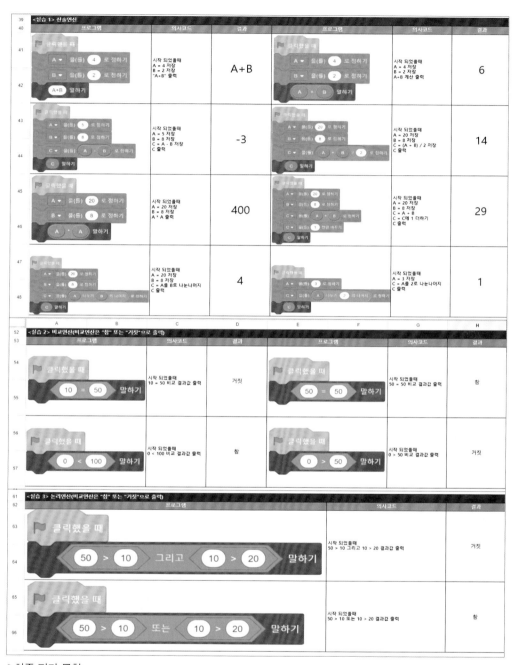

<실습 1> 산술연산						
프로그램	의사코드	결과	프로그램	의사코드	결과	
	시작 되었을때 A = 4 저장 B = 2 저장 "A+B" 출력	A+B		시작 되었을때 A = 4 저장 B = 2 저장 A+B 계산 출력	6	
	시작 되었을때 A = 5 저장 B = 8 저장 C = A - B 저장 C 출력	-3		시작 되었을때 A = 20 저장 B = 8 저장 C = (A - B) / 2 저장 C 출력	14	
	시작 되었을때 A = 20 저장 B = 8 저장 A * A 출력	400		시작 되었을때 A = 20 저장 B = 8 저장 C = A + B C에 1 더하기 C 출력	29	
	시작 되었을때 A = 20 저장 B = 8 저장 C = A를 B로 나눈나머지 C 출력	4		시작 되었을때 A = 3 저장 C = A를 2로 나눈나머지 C 출력	1	

A	B	C	D	E	F	G	H
<실습 2> 비교연산(비교연산은 "참" 또는 "거짓"으로 출력)							
프로그램		의사코드	결과	프로그램		의사코드	결과
		시작 되었을때 10 = 50 비교 결과값 출력	거짓			시작 되었을때 50 = 50 비교 결과값 출력	참
		시작 되었을때 0 < 100 비교 결과값 출력	참			시작 되었을때 0 > 50 비교 결과값 출력	거짓

<실습 3> 논리연산(비교연산은 "참" 또는 "거짓"으로 출력)		
프로그램	의사코드	결과
	시작 되었을때 50 > 10 그리고 10 > 20 결과값 출력	거짓
	시작 되었을때 50 > 10 또는 10 > 20 결과값 출력	참

* 최종 평가 문항

<평가 문제> 두과목의 점수를 입력받고 평균을 구하는 프로그램		
스프라이트	의사코드	결과
	시작 되었을때 정보점수를 묻고 기다리기 정보점수 = 대답 국어점수를 묻고 기다리기 국어점수 = 대답 평균 = (국어점수 + 정보점수)/ 2 평균 말하기	☑

정
보

Q | 제어구조 단원

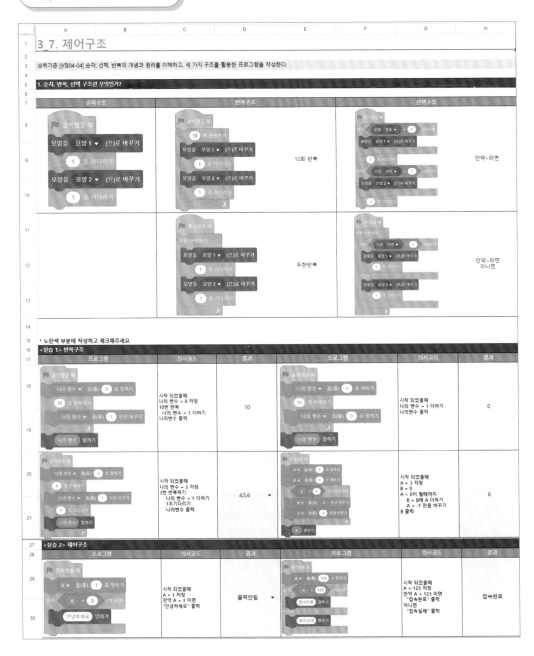

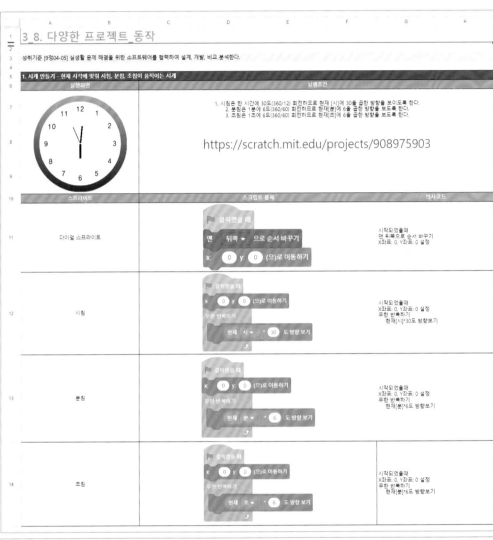

3_8. 다양한 프로젝트_동작

성취기준 [9정04-05] 실생활 문제 해결을 위한 소프트웨어를 협력하여 설계, 개발, 비교 분석한다.

1. 시계 만들기 - 현재 시각에 맞춰 시침, 분침, 초침이 움직이는 시계

실행화면	실행조건
(시계 이미지)	1. 시침은 한 시간에 30도(360/12) 회전하므로 현재 [시]에 30을 곱한 방향을 보이도록 한다. 2. 분침은 1분에 6도(360/60) 회전하므로 현재[분]에 6을 곱한 방향을 보도록 한다. 3. 초침은 1초에 6도(360/60) 회전하므로 현재[초]에 6을 곱한 방향을 보도록 한다. https://scratch.mit.edu/projects/908975903

스프라이트	스크립트 블록	의사코드
다이얼 스프라이트	클릭했을 때 / 맨 뒤쪽 으로 순서 바꾸기 / x 0 y 0 (으)로 이동하기	시작되었을때 맨 뒤쪽으로 순서 바꾸기 X좌표: 0, Y좌표: 0 설정
시침	클릭했을 때 / x 0 y 0 (으)로 이동하기 / 무한 반복하기 / 현재 시 * 30 도 방향보기	시작되었을때 X좌표: 0, Y좌표: 0 설정 무한 반복하기 현재[시]*30도 방향보기
분침	클릭했을 때 / x 0 y 0 (으)로 이동하기 / 무한 반복하기 / 현재 분 * 6 도 방향보기	시작되었을때 X좌표: 0, Y좌표: 0 설정 무한 반복하기 현재[분]*6도 방향보기
초침	클릭했을 때 / x 0 y 0 (으)로 이동하기 / 무한 반복하기 / 현재 초 * 6 도 방향보기	시작되었을때 X좌표: 0, Y좌표: 0 설정 무한 반복하기 현재[분]*6도 방향보기

<평가 문제> 특정 분과 초가 되면 알림울리기

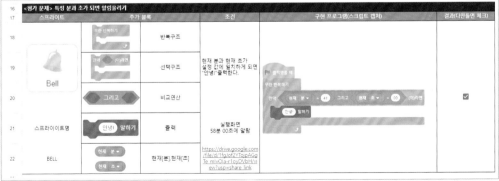

스프라이트	추가 블록		조건	구현 프로그램(스크립트 캡처)	결과(다맞으면 체크)
(Bell 이미지) Bell	무한 반복하기	반복구조	현재 분과 현재 초가 설정 값에 일치하게 되면 "안녕!" 출력한다.	클릭했을 때 / 무한 반복하기 / 만약 현재 분 = 41 그리고 현재 초 = 00 (이)라면 / 안녕 말하기	✓
	만약 (이)라면	선택구조			
	그리고	비교연산			
스프라이트이름	안녕! 말하기	출력	실행화면 58분 00초에 알림		
BELL	현재 분 / 현재 초	현재[분], 현재[초]	https://drive.google.com/file/d/1fgIof2YTopAGgTe_mIvOIa-r1oyDVbH/view?usp=share_link		

정보

Q — 스프레드시트를 에듀테크 도구로 선택하신 특별한 이유가 있나요?

A — 네, 스프레드시트를 선택한 주된 이유는 정보 교과서의 2단원 내용과의 연계성 때문이었습니다. 이 단원은 자료의 분류 및 정리에 중점을 두고 있어, 스프레드시트가 이를 위한 완벽한 도구라고 생각했습니다. 스프레드시트를 사용하면 학생들이 데이터를 체계적으로 분류하고, 정리하는 방법을 직접 실습하면서 학습할 수 있습니다. 이러한 실습은 학생들에게 데이터 관리의 기본 원칙을 이해하는 데 큰 도움이 됩니다.

Q — 스프레드시트 사용이 학생들의 학습에 어떤 영향을 미쳤나요?

A — 스프레드시트를 통한 에듀테크 활용은 학생들에게 매우 긍정적인 영향을 미쳤습니다. 가장 두드러진 효과는 학생들이 스스로 학습을 주도하게 되었다는 점입니다. 스프레드시트의 자동 채점 기능을 통해 학생들은 실시간으로 자신의 학습 진도와 성취도를 파악할 수 있었습니다. 이는 학생들이 자신의 학습 과정을 스스로 관리하고, 필요한 부분에서 즉시 개선을 시도하게 만들었습니다.

Q — 스프레드시트를 사용한 학습 방식이 전통적인 교육 방식과 비교했을 때 어떤 차이점이 있었나요?

A — 스프레드시트를 사용한 학습 방식은 전통적인 교육 방식과 크게 다릅니다. 가장 두드러진 차이는 학습의 즉각성과 상호작용성입니다. 전통적인 방식에서는 학생들이 종이에 작업을 하고, 교사가 일일이 검토하는데 시간이 걸렸습니다. 하지만 스프레드시트를 사용함으로써, 학생들은 즉각적으로 피드백을 받고, 교사는 실시간으로 학생들의 진도와 성취도를 확인할 수 있었습니다. 또한, 스프레드시트는 학생들이 보다 동적이고 창의적인 방식으로 학습 내용을 탐구하게 만들었습니다.

Q — 학생들이 스프레드시트를 사용하여 프로그래밍 개념을 배우는 데 어려움을 겪었나요?

A — 처음에는 몇몇 학생들이 스프레드시트와 프로그래밍 개념을 이해하는 데 어려움을 겪었습니다. 하지만 점차적으로 학습 과정을 거치며, 학생들은 이러한 도구와 개념에 익숙해졌습니다. 특히, 실습 중심의 학습과 상호작용적인 요소들이 학생들의 이해를 도왔습니다. 저는 학생들이 직면한 어려움을 극복할 수 있도록 지속적인 지원과 명확한 설명을 제공했습니다.

Q — 스프레드시트를 통한 교육 방식이 교사의 역할에 어떤 변화를 가져왔나요?

A — 스프레드시트를 통한 교육 방식은 교사의 역할에 상당한 변화를 가져왔습니다. 전통적인 교육 방식에서 교사는 정보의 주된 전달자였지만, 이제는 더 많은 시간을 학생들의 개별 지도와 피드백 제공에 할애하게 되었습니다. 이는 교사로 하여금 학생 개개인의 학습 요구와 진행 상황에 더 깊이 관여하게 만들었습니다. 또한, 교육 과정의 설계와 관리에 있어서도 더 많은 창의성과 융통성이 요구되었습니다.

Q — 에듀테크를 통한 개별 학생 피드백에 대해 어떻게 생각하시나요?

A — 에듀테크를 활용한 개별 학생 피드백은 매우 중요합니다. 각 학생은 서로 다른 학습 속도와 스타일을 가지고 있기 때문에, 개별화된 피드백은 학생들이 자신의 장점과 약점을 인지하고, 이에 맞춰 학습 전략을 수립하는 데 큰 도움이 됩니다. 스프레드시트를 사용함으로써, 저는 각 학생의 진도와 수행도를 쉽게 추적할 수 있었고, 이를 바탕으로 맞춤형 피드백을 제공할 수 있었습니다. 이는 학생들이 더 효과적으로 학습 내용을 이해하고, 필요한 부분에 집중할 수 있게 만들었습니다.

Q — 이러한 에듀테크 도구의 사용이 학생들의 미래 교육에 어떤 영향을 미칠 것으로 보시나요?

A — 에듀테크 도구의 사용은 학생들이 디지털 시대에 필요한 기술을 개발하는 데 중요한 역할을 합니다. 스프레드시트와 같은 도구를 사용함으로써 학생들은 데이터 관리, 분석 및 시각화 같은 필수적인 디지털 기술을 습득합니다. 또한, 이러한 도구를 통해 학습하는 과정은 학생들에게 자기 주도적 학습, 문제 해결, 비판적 사고와 같은 중요한 능력을 발달시킵니다. 이는 학생들이 미래 사회에서 성공적으로 적응하고, 다양한 직업적 기회를 탐색하는 데 도움이 될 것입니다.

정보

1학년
박에스더

Q — 에듀테크 수업을 처음 받았을 때 느낌은?

A — 처음 에듀테크 수업을 받았을땐 앞으로의 길이 막막하다고 느껴졌습니다. 초등학생 때 컴퓨터를 아예 배워본적이 없었던 터라 컴퓨터와 관련된 모든 것이 새롭게 다가왔죠.

Q — 클래스룸과 구글 공유문서 사용에 대해 처음엔 어떤 불편함이 있었나요?

A — 클래스룸과 구글 공유문서를 처음 활용했었을 땐 물론 불편한 점도 있었지만 점차 익숙해져가니 단점 대신 장점들이 눈에 띄기 시작했습니다.

Q — 종이로 받던 과제와 클래스룸을 통한 과제 수행에서 어떤 차이를 느꼈나요?

A — 종이로 받은 과제 자료들은 잘 찢어지면서 동시에 잃어버리기가 쉬워서 곤란한 상황들이 생기기 일쑤였지만 클래스룸으로 과제를 받은 이후론 잃어버리지도 않고 종이처럼 구겨지거나 찢기지도 않아서 과제를 주어진 조건 안에서 최대한 편리하게 해결해야 하는 학생들의 입장에서 클래스룸은 마치 신세계처럼 다가왔습니다.

Q — 구글 공유문서를 사용하면서 수업 참여 방식에 어떤 변화가 있었나요?

A — 구글 공유문서는 클래스룸과 비슷하게 자료를 모으고 친구들과 토론하는 점에서 편리하다고 느껴졌습니다. 초등학생 때는 짧은 수업시간 안에서 친구들의 생각을 묻고 상의하는 것들이 제한되어 있었지만 중학교에 들어오고 구글 공유문서를 사용하게 되자 수업시간 이외에도 친구들과 상의할 수 있고 내게 주어진 자료를 바로 보여주면서 동시에 서로의 생각을 즉각 들을 수 있다는 점이 저뿐만 아니라 친구들에게도 편리하게 다가왔습니다.

Q — 구글 스프레드시트를 활용한 수업이 인상적이었던 이유는 무엇인가요?

A — 구글 스프레드시트를 통해서 한 수업들도 인상깊었습니다. 구글 스프레드시트를 활용을 통해 스스로 학습한 내용에 대해서 검토도 했습니다. 또한 구글 슬라이드 활용 수업은 피피티 같은 형식의 슬라이드를 조원들끼리 수정해가면서 이미 있던 질문 항들을 채워나가는 수업입니다. 그렇게 하니 그동안 진행해오던 수업들과 친구들의 생각을 한눈에 볼 수 있었습니다. 다른 모둠들의 의견이 궁금할 때도 마찬가지였습니다.

Q — 에듀테크 수업이 학생들에게 어떤 혜택을 가져다 줬다고 생각하나요?

A — 에듀테크 수업은 학생들에게 있어서 아주 편리하게 다가왔습니다. 수업 내용과 별개로 앞으로 살아가면서 배워야 하는 컴퓨터와 관련된 지식들을 쌓을 수 있었고, 그동안 쌓아왔던 사고력들 중 새로운 사고력을 쌓을 수 있는 기회이자 경험이 된 것 같습니다.

2학년
배산휘

안녕하세요. 저는 영선중학교에 재학중인 현재 2학년 배산휘입니다. 저는 2023년, 1학년때 정보 에듀테크를 활용한 수업을 들었습니다. 에듀테크를 활용한 수업을 듣고 저는 여러지식을 얻었고 새로운 도전 또는 경험을 했습니다. 평소에 휴대폰을 잘 사용하지만컴퓨터에는 손도 못 대던 저에게는 정말 유익한 수업이었습니다. 짧은 듯 길었던 몇 달동안에 에듀테크 수업으로 먼저 컴퓨터에 대한 기본 상식을 배웠고 키보드로 입력을 하여내가 원하는 결과물이 나오도록 하는 프로그래밍도 배웠습니다. 프로그래밍이라는 단어조차 저에게는 너무 낯설고 또 생소했습니다.

저는 초등학교 때 스크래치를 이용한 코딩 수업을 들었었는데요. 매번 코딩 수업을 들을 때마다 '내가 왜 이걸 배워야 하지? 이게 도대체 나에게 무슨 도움이 될까?' 라는 부정적생각을 자주 했던 것 같습니다. 이 의문들을 풀지 못한 채, 초딩 생활을 졸업하고 중학생이되었습니다. 몇 년 동안 풀지 못했던 수수께끼를 저는 영선중학교에, 그것도 정보 시간에 풀수 있게 되었습니다. 물론 바로 풀리지는 않았습니다. 선생님이 직접적으로 가르쳐주지도 않았습니다. 1학년 생활 되돌아보는 지금. 스스로 풀려 있었습니다. 답이 무엇인지는 마지막에 알려드리겠습니다.

정보 시간에 배운 프로그래밍에도 정말 다양한 종류의 학습이 있었습니다. 사운드 학습,이미지 학습, 이모션 학습, 텍스트 학습 이름만 봐도 무엇인지 추측이 갈 것입니다.전체적으로 정리하자면, 사운드 학습은 여러 소리를 녹음한 후, 사람이 원하는 것을 말할 때사운드 학습 한 것을 기반으로 분류하여 출력하는 것이었습니다. 이미지 학습은 여러 사진들을 여러 기준으로 나누어 프로그래머가 원하는 대로 분류한 뒤 학습시켜 이미지를 넣었을 때 학습 받은 인공지능이 분류하여 결과를 출력하는 것이었습니다. 마지막으로 텍스트 학습은 간단하게 프로그래머가 원하는 대로 인공지능에게 프로그래밍 언어를 사용하여 텍스트 학습을 시킨 후 원하는 결과가 출력되게 하는 것이었습니다. 이렇게 4개의 학습 중 저는 이미지 학습을 시키는 것이 가장 생각 나는 것 같습니다.

이미지 학습을 한 것 중에 불난 산, 불이 나지 않은 산 두 가지로 기준을 나누어 그 제목에 맞게 여러 개 이미지를 학습시켜서 아무 이미지를 갖고 왔을 때 인공지능이 불난 산인지불이 나지 않은 산인지 분류를 해주어 만약 불난 산이면 불났다고 알려주는 프로그래밍을 만들었습니다. 이것을 통해서 그때만큼은 인공지능이 소방대원이 되어 하나의 생명을 살리는 중요한 역할이 될 수 있다는 것을 느꼈습니다. 아마 이때부터 프로그래밍에 대한 저의 의문이 풀리기 시작한 시작점이었던 것 같습니다. 이렇게 여러 학습들을 직접 스크래치와 ai에디터를 통해 경험하여 익혀보았습니다.

여러 수업 중에 저는 모둠활동이 가장 인상 깊고 재미있었습니다. 여러 모둠활동 중에 여러 인공지능 학습을 이용해 현재 사회의 문제를 해결하는 프로그래밍 만들기가 있었는데 저희 모둠은 시각장애인에 초점을 두어 생각하였습니다. 4명에서 열심히 생각한 결과, 현재 인도에 보도블럭이 끊겨 있거나 부서져 있거나 전자 킥보드가 중간에 있어 시각장애인들이 여러 곳을 이동할 때 힘들어하는 사례를 보고 이미지 학습을 통해 그 문제를 조금이나마 보완하고자 했습니다. 이 모둠활동을 통해 프로그래밍을 할 수 있어서 기쁘다는 생각이 들었습니다. 제가 만약 프로그래밍을 하지 못했다면 사회의 문제점을 해결하는데 한계가 있었을 것입니다. 하지만 프로그래밍을 배워 사회의 문제점을 해결하고 사회 구성원으로서 사회에 조금이나마 도움이 되는 사람이 될 수 있었습니다. 그래서 이 모둠활동을 통해 프로그래밍은 '나의 현재, 미래에도 도움이 되겠구나' 라고 생각했습니다. 그리고 무엇보다 발표까지 해야 했기 때문에 모둠원들과 협력을 해서 만들어 낸 프로그래밍이 저에게 있어서는 가장 빛나고 뜻깊은 것 같습니다. 이 활동만큼은 정말 선생님이 아닌 학생들의 여러 생각을 펼치고 주장해서 학생들이 만들어 낸 수업 같고 그만큼 특별한 수업이었던 것 같습니다.

그 밖에 비버 챌린지와 미디어 아트가 생각이 납니다. 비버 챌린지는 매일 정보 시간 전에 일찍 와서 풀었는데요. 처음에는 어떻게 풀어야 되는지 몰라 굉장히 허둥지둥 했지만 여러번 문제를 풀다보니 나만의 문제 푸는 방법도 생기고 나 자신이 문제를 풀고 풀다보니 한층 성장해 가는 모습을 볼 수 있었습니다. 그 덕분에 뿌듯하고 흥미로워서 정보 시간만 기다려진 것 같습니다. 그리고 비버 챌린지에 가장 큰 특징은 '스스로' 라는 키워드인 것 같습니다. 초등학생까지 부모님의 손길을 받아 '스스로' 무언가를 하기가 저는 힘들었습니다. 매일 부모님과 손잡고 걷던 길이 '스스로' 로 바뀌어 혼자가 되면 되게 낯설고 처음보는 길 같았습니다. 하지만 비버 챌린지는 오로지 '스스로' 풀고 채점하고 힌트를 보는 것, 모든 것이 '스스로' 선택하고 생각하는 것이기 때문에 비버 챌린지를 풀면 풀수록 '스스로'에 익숙해져 앞으로 '스스로' 해야 될 것을 스스럼없이 할 수 있게 되었습니다. 또한 그 덕분에 중학교에서 나 자신이 만들어가는 길이 막막하고 두려웠는데 비버 챌린지로 조금이나마 어깨를 들고 땅이 아닌 하늘을 보고 걸을 수 있을 것 같습니다.

미디어 아트는 정말 듣기만 해도 재미있었습니다. 솔직히 직접 미디어 아트를 만드는 것보다 우리 학교 친구들이 만든 미디어 아트를 감상하는 것이 더 재미있었던 것 같습니다. 각자의 취향과 개성에 맞게 각자만의 매력을 넣은 여러 친구들의 미디어 아트를 보는 것이 꼭 그 친구의 머릿속을 열어 보는 것 같아서 흥미진진 했습니다. 그

리고 그 친구에 대해 조금이나마 알아 가까워진 것 같아서 괜히 기분이 좋습니다. 저는 여러 친구들의 미디어 아트 중 박에스더 학생의 '번아웃' 이라는 작품이 인상 깊었습니다. (번아웃이란 한가지 일에 몰두하다가 극심한 피로감을 느껴 정신적 탈진이 오는 현상을 말한다. 실제로 박에스더 학생의 미디어 아트를 보면 박자에 맞춰 등장하던 기타가 점 점 박자에 엇갈리게 등장한다.)

이 작품을 보면서 간접적으로 번아웃을 느꼈습니다. 또한 번아웃을 굉장히 잘 표현했다고 생각했습니다. 그리고 무엇보다 기타모양을 쓴 의미가 인상깊었습니다. "기타 모양과 인생이 비슷하다는 점에서 기타 모양을 골랐다고 할 수 있다. 코드와 주법만 안다면 아름다운 곡 들을 만들 수 있는 것처럼 우리 인생도 살아가는 방법만 깨우치게 된다면 아름답다고 생각되는 인생을 꾸려나갈 수 있을 것이다.(스크래치-박에스더-)"

정말 아름다운 생각을 미디어 아트에 잘 녹인 것 같다는 생각이 들었고 많은 깨달음을 얻었습니다. 그래서 여러 작품 중에 이 작품이 가장 인상 깊었던 것 같습니다. 저희 2반은 다른 반과 다르게 하나의 더 특별한 수업을 들었습니다. 다른 학교 선생님들을 모시고 공개 수업을 했었습니다. 안떨렸다면 거짓말일테니 사실대로 말하자면 원래 정보 수업보다 10배는 더 떨렸던 것 같습니다. 그날따라 아침 일찍 일어나서 샤워하고 천천히 최대한 이쁘게 머리카락을 말리고 최대한 단정하게 옷차림을 하여 '혹여나 실수는 하지 않을까?' 하는 걱정과 '다른 학교 선생님들을

만난다니!' 하는 설렘이 공존한 하루였습니다. 그날만큼은 실수를 하지 않겠다고 다짐했는데 너무 떨려서 꼼짝도 못하고 있었는데 선생님께서 친절하게 차근 차근 알려주셔서 조금씩 긴장이 풀리고 이내 수업 내용이 귀에 들어오기 시작했습니다. 정보 시간에 배운 스크래치에 관한 것과 프로그램에 대한 프로그래밍, 프로그래밍 언어, 프로그래머의 뜻을 배웠고 입력과 처리, 변수와 연산을 배웠습니다. 이미 한번 배운 것들이라서 한번 더 복습해 내가 어떤 것을 헷갈려 하는지 알게 되었고 보완해서 완벽하게 컴퓨터를 이해할 수 있었고 컴퓨터를 잘 아는 일명 '컴퓨터 잘 알아'이 될 수 있었습니다.

매일 정보 수업시간마다 선생님께서 해주시는 말씀이 있습니다. "정보 수업은 혼자 하는게 아니야. 같이 하는거야. 옆에 친구는 도와주고, 기다려주고 다 되면 함께 갈거야." 컴퓨터를 잘 못다루고 타자 속도도 느린 저에게는 힘이 되는 말이었고 특히 다 함께 시작하고 마무리 하는 것이 너무 좋았습니다. 덕분에 1학년 정보 수업을 잘 마무리 할 수 있었던 것 같습니다.

그래서 정보 시간이 저에게는 가장 좋아하는 과목이었던 것 같습니다. 비록 2학년 때 못해 아쉽지만 1학년 때 한 정보 수업은 쉽게 잊혀지지 않을 것 같습니다. 맨 마지막 수업을 선생님이 정말 뜻깊은 여러 말씀을 해주셔서 멋지게 마무리가 된 것 같습니다. 정보 수업이 좋았던 이유는 컴퓨터를 활용해서 재미있는 마음으로 수업에 참여할 수 있었고 저절로 타자 실력이 늘었고 구글 게스트 로그인 하는 법과, 구글 닥스 이용과 구글 닥스 공유, 스프레드 시트 이용 방법을 배워 친구들과 더 효율적으로 수업 과제를 준비할 수 있게 되었으며, 여러 앱(뤼튼ai, chat-GPT, 이모지 헌터, 멘티미터, 비버 챌린지)을 활용해 여러 경험을 얻을 수 있었습니다. 또한 여러 앱을 사용해 여러 가지 종류에 인공지능을 만날 수 있었고 처음에 중학교 들어 왔을 때 프로그래밍에 대한 부정적인 마음이 점점 정보 수업을 통해 긍정적인 마음으로 저도 모르게 인공지능을 생활에 받아들일 준비를 마친 것 같았습니다. 오히려 앞으로의 인공지능 발전과 인공지능과 함께하는 시간이 많아질 미래가 궁금하고 기대되었습니다.

여러분 혹시 제가 맨 처음에 했던 말 기억 나시나요? 초등학교 때 '프로그래밍이 왜 중요할까?' 에 대한 답. 죄송합니다. 사실 제가 거짓말 했어요. 저는 알려주지 않을 겁니다. 여러분이 스스로 이 의문에 대해 생각해보세요. 어느 순간 자신도 모르게 그 의문이 풀릴 것입니다. 그게 언제라도 풀리는 순간 새로운 정보 수업을 맛볼 수 있을 것입니다. 저는 맛 보았는데 너무 맛있더군요. 꼭 여러분도 느껴보시길 바랄게요. 지금까지 영선중학교에 재학중인 배산휘였습니다.